“十三五”国家重点图书、音像、电子出版物出版规划项目；
2017年度国家出版基金资助项目；
广州市人文社会科学重点研究基地“广州与中外文化交流研究中心”项目；
中山大学西学东渐文献馆项目。

晚清西学丛书
主编：周伟驰　姚达兑

大同学

〔英〕颉德／原著
〔英〕李提摩太　蔡尔康／合译
姚达兑／校注

南方日报出版社
NANFANG DAILY PRESS
中国·广州

图书在版编目（CIP）数据

大同学 /（英）颉德著；（英）李提摩太，蔡尔康译；姚达兑校注. — 广州：南方日报出版社，2018.4
ISBN 978-7-5491-1775-8

Ⅰ.①大… Ⅱ.①颉… ②李… ③蔡… ④姚… Ⅲ.①社会学 Ⅳ.①C91

中国版本图书馆 CIP 数据核字（2017）第 312715 号

DATONGXUE
大同学

著　　者：（英）颉德
译　　者：（英）李提摩太　蔡尔康
校　　注：姚达兑
出版发行：南方日报出版社
地　　址：广州市广州大道中 289 号
出 版 人：周洪威
出版统筹：谭庭浩
策划编辑：黎　衡
责任编辑：郭海珊
装帧设计：邓晓童
责任校对：阮昌汉
责任技编：王　兰
经　　销：全国新华书店
印　　刷：广州市岭美彩印有限公司
开　　本：889mm×1194mm　1/32
印　　张：5.75
字　　数：104 千字
版　　次：2018 年 4 月第 1 版
印　　次：2018 年 4 月第 1 次印刷
定　　价：38.00 元

投稿热线：（020）87373998-0503　读者热线：（020）87373998-0502

网址：http://www.nanfangdaily.com.cn/press　http://www.southcn.com/ebook

总 序

周伟驰

一、晚清西学东渐的译述时期与转译时期

历史上发生过几次大规模的知识传播运动，表现为大规模的翻译运动，如希腊经典被译为阿拉伯语（百年翻译运动），阿拉伯语的希腊经典被译为拉丁语，印度佛典被译为汉文，日本明治维新后对于西方著作的翻译等。明清之际，西方知识开始向中国传播，虽然中间有过停顿，但西学东渐规模越来越大，在晚清呈现上升趋势，到民国达到一个高潮。改革开放后，更是以前所未有的速度快速进行，目前的态势用“方兴未艾”来形容也不为过。“西学东渐”作为一个过程，跟“中学西传”是一体两面。就西学东渐本身来说，在这个过程中，虽然也有少量著作是撰写的，但主要还是以翻译著作居多，可以说西学东渐是一个翻译的过程。

在明末以来这个生机勃勃的“400年翻译运动”中，晚清占有特殊地位。晚清译介者[1]来源是多种多样的，既有西方传教士也有中国学者，既有教会组织也有政府机构。翻译内容五花八门，从宗教知识到世俗知识，呈现出阶段性的特征。我们可以根据翻译活动的方式是直接翻译还是转译，是合作翻译还是独自翻译，概括地将晚清西学翻译分为两个时期，时间上大致以甲午战争至维新变法为界。甲午战争前是“译述时期”，维新变法失败后是“转译时期”。

[1]本文所说的“西学东渐”是指西方知识在中国的传播，它们有些是通过直接翻译实现的，有些则是由一些人撰写著作实现的。本文重视翻译，但也重视介绍西方知识的著作。一般模糊地称为“译撰”或“译介”，如林乐知、花之安，既翻译又自己撰写、介绍西方的知识。再如一些中国学者，可能在不懂外文或仅是略懂外文的情况下，也编写一些西学著作，如王韬、王炳耀都可以放在西学东渐传播西学范围之下。

从马礼逊来华到甲午战争，翻译者主要是西方传教士及其中国助手，一般情况下是传教士“口译”，中国助手“笔述”。当然，这时期不是没有个别人士可以单独地进行翻译（如颜永京），但总体来说这样的人凤毛麟角，因此，我们可以把这一时期（1807—1898年）称为“译述时期”。这一时期的翻译者如果受雇于教会，则其翻译内容多为宗教类著作；如果受雇于清政府（如江南制造局翻译馆），则其翻译多为军事科技类著作；如果是自立的学会（如广学会），则人文社科类著作会多一些。

“译述时期”大致可分成三个阶段。从1807年马礼逊来华学习中文翻译《圣经》到第一次鸦片战争，为第一个阶段，翻译的主体为传教士及其中国助手，他们主要在中国的广州、澳门以及东南亚一带，翻译的内容主要是宗教书籍，也有一些地理、历史、科技的著作，还办了一些中文杂志。

第一次鸦片战争到第二次鸦片战争，为第二个阶段。这时香港被割让，广州之外，福州、厦门、宁波、上海成为通商口岸，太平天国使得帝国南部陷入战乱。以上海为中心，传教士在各大口岸与其中国助手翻译了一些宗教著作与文化著作，创办了一些中文杂志[1]。

在这两个阶段中，著名的译撰者有马礼逊、米怜、郭士立、麦都思、合信、俾士、湛约翰、罗孝全、艾约瑟、慕维廉、玛高温、伟烈亚力等，与之合作的中国人有李善兰、王韬、管嗣复、张福僖等人。这些传教士所出中文书

[1]第一、二个阶段的主要译著，可参考熊月之：《西学东渐与晚清社会》，北京：中国人民大学出版社2011年版，第105—109页及第三章。其出版数据主要依据伟烈亚力《基督教在华传教士纪念录》及苏精《马礼逊与中文印刷出版》。

刊对林则徐、梁廷楠、徐继畬、魏源都有影响，使他们成为第一批睁眼看世界的中国人。较出名的出版中心有宁波华花圣经书房（1860年迁到上海后改名美华书馆）、上海墨海书馆等。

第二次鸦片战争到甲午战争和维新变法期间，为第三个阶段。这一阶段，太平天国被镇压，同光中兴，洋务运动兴起，以传教士为主的西方人士有一些服务于北京、上海、广州、福州、天津等地的清政府机构，与中国助手翻译了大量军事、科技、史地类著作。一些为教会服务的翻译了一些宗教著作。一些有“文化传教”情怀的传教士则创办了广学会这类文化机构，他们办刊、出书，译述了一些社会科学类的著作。西学翻译的中心，在教会方面主要有广学会、益智书会、美华书馆、博济医局、上海土山湾印书馆、金陵汇文书院、福州美华书局，在官方和中国知识分子方面则主要有同文馆、江南制造局翻译馆、天津机器局、天津武备学堂、上海译书公会、农学报社、申报馆等[1]。活跃的口译者有嘉约翰、傅兰雅、金楷理、林乐知、李提摩太、艾约瑟、慕维廉、花之安、韦廉臣、舒高第[2]等人，著名的笔述者则有中国的王韬、沈毓桂、蔡尔康、徐寿、徐建寅、华蘅芳、钟天纬、瞿昂来、李凤苞、任廷旭、范祎等人，能从事独立翻译的有李问渔、颜永京等

[1]熊月之列出了主要出版中心书目、京师同文馆译著书目，见熊月之：《西学东渐与晚清社会》，北京：中国人民大学出版社2011年版，第253—254页；江南制造局翻译馆译书目录，见第423—432页；广学会出版西书目录（1900年以前），见第446—447页。

[2]舒高第是中国人，在美国学习过很长时间，中文笔译能力似不甚佳，翻译时尚需助手笔述。

少数几人[1]。他们译介的西方知识对洋务派、维新派、革命派，如李鸿章、张之洞、康有为、梁启超、谭嗣同等人都有影响，西方知识传播者的影响力在维新变法中达到顶峰。

甲午战争的战败意味着洋务运动的失败。向西方学习几乎成了朝野上下的共识，日本因为“同文同种”、路近学费低、现代化成绩较好而获得了梁启超、张之洞等人的青睐，他们认为留学日本学习西学是一个捷径。在他们的提倡下，清政府自1896年开始向日本派出留学生，人数逐年增多[2]。在废除科举的1905年和次年，留日人数达到顶峰，分别是8000人和1.2万人。1898年维新变法失败后逃亡日本的梁启超[3]，加上留日学生，使得从日文“转译西学”大为兴盛，翻译数量快速地超过了“译述时期”[4]，我们可将这一时期（1898—1911年）称为“转译时期”。这不是说在此阶段已没有“译述”和单独直译，广学会、

---

[1]有些学者认为，晚清条约口岸围绕着当时传教士和清政府的翻译活动，出现了一批了解西学、倾向西学的中国知识分子，参考段怀清：《传教士与晚清口岸文人》，广州：广东人民出版社2007年版；王立群：《中国早期口岸知识分子形成的文化特征：王韬研究》，北京：北京大学出版社2009年版。

[2]黄福庆：《清末留日学生》，台北：“中央研究院”近代史研究所1975年版，第2—3页。

[3]梁启超在去日本之前的西学知识主要来源于译述，流亡日本后他凭借自创的“和文汉读法”，能够阅读日文著作。关于梁启超与明治思想界的关系，可参考狭间直树编：《梁启超·明治日本·西方》，北京：社会科学文献出版社2012年版；狭间直树主讲：《东亚近代文明史上的梁启超》，上海：上海人民出版社2016年版；郑匡民：《梁启超启蒙思想的东学背景》，上海：上海书店出版社2009年版。与梁启超相关的近代中日之间西学概念的翻译与传播，可参考狭间直树、石川祯浩主编，袁广泉等译：《近代东亚翻译概念的发生与传播》，北京：社会科学文献出版社2015年版；石川祯浩：《中国近代历史的表与里》，北京：北京大学出版社2015年版。

[4]实藤惠秀：《中国人留学日本史》，北京：北京大学出版社2012年版，第167—207页。

严复、林纾亦仍在翻译，而只是说，在规模和影响上，这一阶段是以从日文“转译”过来的西学为主。民国后才进入对于西学大规模的“独立直译”阶段。

这一时期译介西学的机构有商务印书馆、译书汇编社、南洋公学译书院、广智书局、作新社、文明书局、会文学社（会文堂书局）、金粟斋译书处、教育世界出版社、新学会社、中国医学会等，翻译的内容侧重于社会科学和史地书籍，而应用科学与自然科学比重减少。译介者大多是留日者，如樊炳清、蔡元培、王国维、范迪吉等。

在“转译时期”，明治时期由日本学者创制的对译西方名词的“和制汉词”大量进入中文，有很多取代了“译述时期”的译法，成为今天我们仍然在应用的主流译词。这可能是自佛教词汇之后最大规模的“外来词”群体。像“哲学”“社会”“文学”“经济”“政治”“宗教”“自由”这类人文社科名词，都是来自和制汉词。这些词的总量在1000个左右[1]，实际数量可能远不止此。由于“转译”在广度和深度上远超此前的“译述”，和制汉词逐渐占据主流，替代了“译述时期”的许多译法，而使汉语基本词汇实现了“急速现代化”[2]。不过，明治和制汉词本身对于日本来说只是一个历史阶段现象。随着日本减少汉字学习，以及用“和制英语”的人越来越多，汉词

[1]周圣来：《美意识的种子：和制汉词对中国现代文学的影响》，香港：香港练习文化实验室有限公司2016年版，第89—93页；和制汉词总表参见第335—341页。

[2]朗宓榭等著：《新词语新概念：西学译介与晚清汉语词汇之变迁》，济南：山东画报出版社2012年版，引言。

及和语逐渐不用或少用[1]，汉字在日本的使用本身呈萎缩状态。但是，明治和制汉词在中文世界中反而站稳脚根。可以说，今天中文世界的翻译已难以离开和制汉词。虽然里面问题很多，但是约定俗成，即使要改良也只能逐步地进行了。

由“译述”逐渐向“转译”发展，这在书目汇编的变化中体现出来了。晚清新书的编目，除了出版者（如广学会）的年报外，比较集中的有：傅兰雅《译书事略》（江南制造局翻译西书事略），《格致汇编》1880年5—8月连载。孙维新《泰西格致之学与近刻翻译诸书详略得失何者为最要论》，本为上海格致书院作业，对140本西书做出比较评价，后刻印出来。梁启超《西学书目表》[2]，《时务报》报馆1896年版，录通商后西书名352种，附表录通商前西书名86种、近译未印书目88种。沈桐生《东西学书录提要总叙》，读有用书斋1897年出版。黄庆澄编《中西普通书目表》，上海算学报馆1898年刻，里面西学部分多取自梁启超《西学书目表》。徐维则编《东西学书录》，1899年出版。这些书目所录的绝大多数是“译述”著作。沈桐生《东西学书录》后来得到顾燮光帮助，顾燮光补充了从日文译为中文的西书，二人合编《增版东西学书录》，1902年出版。赵惟熙编《西学书目答问》，1901年出版。而上海通雅书局在1903年、1904年出版的《新学

[1]周圣来：《美意识的种子：和制汉词对中国现代文学的影响》，香港：香港练习文化实验室有限公司2016年版，第71—73页。

[2]《西学书目表》，1896年质学会重校本。该本前言《西学书目表序例》，亦载《时务报》（第八册），见《时务报》报馆编：《强学报时务报》（第一卷），北京：中华书局1991年版，第488—494页。

书目提要》，编者可能是一群留日学生。顾燮光《译书经眼录》，杭州金佳石好楼1934年印。这些书目中，最齐全的可以说是《增版东西学书录》和《译书经眼录》[1]。从这两本书可以看出，1900年后从日文转译的西学著作已成为当时翻译书的主流，在社会科学著作中占有绝对地位。据不完全统计，1896—1911年，中国翻译的日文书至少有1014种。这个数字远远超过此前半个世纪以来中国翻译西文书数量的总和，也大大超过同时期中国翻译西文书的数量[2]。而其中社会科学著作达366部，法律图书98部，政治图书96部[3]。

上面所说的西学著作多指图书，但是晚清介绍西学的还有一些中文报刊，不少著作都是先在报刊上登出再出单行本的。近代报刊的一般情况，可以参考戈公振《中国报学史》[4]的第三章"外报创始时期"以及美国白瑞华《中国近代报刊史》等[5]。关于这些报刊的详细目录，可以参考《中国近代期刊篇目汇录》[6]。

---

[1]这两个目录被收入熊月之：《晚清新学书目提要》，上海：上海世纪出版股份有限公司2014年版，前言。该书索引亦很有价值。

[2]熊月之：《西学东渐与晚清社会》，北京：中国人民大学出版社2011年版，第509页。

[3]谭汝谦主编：《中国译日本书综合目录》，香港：香港中文大学出版社1981年版。转自滕超：《权力博弈中的晚清法律翻译》，北京：中国社会科学出版社2014年版，第335页。

[4]戈公振：《中国报学史》，上海：上海世纪出版股份有限公司2013年版。

[5]白瑞华：《中国近代报刊史》，北京：中央编译出版社2013年版；赵晓兰、吴潮：《传教士中文报刊史》，上海：复旦大学出版社2011年版。传教士中文报刊对维新派报刊有影响，可参考徐松荣著：《维新派与近代报刊》，太原：山西古籍出版社1998年版。

[6]上海图书馆编：《中国近代期刊篇目汇录》（一），上海：上海人民出版社1965年版。该书于1980年重印。

《西学书目表》《增版东西学书录》和《译书经眼录》，都侧重于科技类与社会科学类译著，许多书被遗漏，比如新教人士的著作。早期新教来华传教士所译撰的著作，可以参考伟烈亚力1967年出版的《基督新教传教士在华名录》[1]；1860年后的新教译撰著作散落各处，近已有人系统整理，如黎子鹏的《中国基督教文字事业编年史：1860—1911》[2]。

二、译述时期的主要译撰者及其观念

从1807年马礼逊来华并准备翻译《圣经》到1911年清王朝覆灭，晚清可以说是经历了一个“百年翻译”运动。如果说最后15年（1896—1911年）是“转译”由无到有到兴盛的过程，那么，在此之前的近90年（1807—1895年）则是“译述时期”。虽然有不少翻译机构，但如果看最活跃的翻译者，我们会惊讶地发现，他们大多是新教传教

[1] Alexander Wylie, *Memorials of Protestant Missionaries giving a List of Their Publications, and Obituary Notices of the Deceased.* With copious Indexes. Taipei: Ch' Eng-wen Publishing Company, 1967. 伟烈亚力著，赵康英译：《基督教新教传教士在华名录》，天津：天津人民出版社2013年版。

[2]黎子鹏编著：《中国基督教文字事业编年史：1860—1911》，香港：基督教文艺出版社有限公司2015年版。

士[1]。译得最多也最有名的，几乎全是传教士[2]，如伟烈亚力[3]、傅兰雅[4]、林乐知[5]、丁韪良[6]、李提摩太[7]、金楷理等人，因为当时愿意来华且愿意从事文化传播的西方人士只有传教士。西方本土的知识分子没有机会、动力和经费来华，中国人也没有主动去请他们。这种局面要等到

[1]有的学者将传教士翻译分为三个阶段：1815—1842年，从南洋创办《察世俗每月统记传》至上海墨海书馆建立；1843—1887年，从上海墨海书馆建立至上海广学会成立；1888—1898年，广学会成立至维新变法失败。并列出了各时期的主要非宗教类著作。参考何绍斌：《越界与想象：晚清新教传教士译介史论》，上海：上海三联书店2008年版，第44—45页及第一章。这种分期法过分以上海为中心，而且太细。其实，无论宗教还是非宗教类书籍，晚清译述是多中心的，上海当然最活跃，但北京、广州、宁波、武汉等地也从未中断过。

[2]改革开放后，对作为中国近代史上重要一环的传教士展开了大规模的翻译和研究。翻译中较为重要的系列是周振鹤教授主编并由广西师范大学出版社出版的“来华基督教传教士传记”丛书，黄兴涛、杨念群主编并由中华书局出版的“西方的中国形象”丛书。此外，亦有不少零散出版的传教士传记。

[3]汪晓勤：《伟烈亚力：中西科学交流的功臣》，北京：科学出版社2000年版。

[4]王扬宗：《傅兰雅与近代中国的科学启蒙》，北京：科学出版社2000年版。傅兰雅在加州大学的全部英文档案已收入戴吉礼编：《傅兰雅档案》，桂林：广西师范大学出版社2010年版。

[5]贝奈特：《传教士新闻工作者在中国：林乐知和他的杂志（1860—1883）》，桂林：广西师范大学出版社2014年版；梁元生：《林乐知在华事业与〈万国公报〉》，香港：香港中文大学出版社1978年版；卢明玉：《译与异：林乐知译述与西学传播》，北京：首都经济贸易大学出版社2010年版。单篇论文当然更多，如查时杰：《林乐知的生平与志事》，载林治平主编：《基督教入华百七十年》，台北：台北宇宙光出版社1977年版。

[6]丁韪良：《汉学菁华》，北京：世界图书出版公司2010年版；丁韪良：《中国觉醒》，北京：世界图书出版公司2010年版。目前关于丁韪良最好的研究著作，可参考王文兵：《丁韪良与中国》，北京：外语教学与研究出版社2008年版。

[7]李提摩太：《亲历晚清四十五年——李提摩太在华回忆录》，天津：天津人民出版社2005年版。他人撰写的李提摩太传记，立场差异较大，主要有丁则良：《李提摩太》，上海：开明书店1951年版；苏慧廉著，山西大学外语学院《李提摩太传》翻译组译：《李提摩太传》，香港：香港世华天地出版社2002年版；苏慧廉著，关志远等译：《李提摩太在中国》，桂林：广西师范大学出版社2007年版（按：后两书实为同一书，译者不同而已）。

“五四”前后杜威、罗素受邀来华方有改变。传教士撰译宗教书籍是其来华的本行和义务，而译介科技、史地、人文社科著作，要么是因为受雇于清政府，要么是被“文化传教”“社会福音”的淑世情怀驱动[1]。如广学会的几位传教士，他们避开了直接传教的做法，也避免只译介实用性的技术，而是通过《万国公报》[2]等报刊和著书立说，对西方文明进行比较全面的介绍，这跟他们背后的一些基本信念有关。

19世纪来华的新教传教士，跟当时的西方人一样，都自觉不自觉地持有西方中心论，认为西方文明要优越于其他文明，西方的政治制度（民主、自由等）要优越于东方。对于他们来说，优越的根本原因是新教优越于别的宗教。这种观点可以称为“新教文明等级观”[3]，主要包括几个信念：从事实来看，西方文明无论在政治、经济、商贸、军事、科技方面都超出非西方文明，非西方文明逐步屈从于西方即真实的证据；追溯西方文明强大的根源，在

[1]近代传教士创办的中文报刊情况，可参考赵晓兰、吴潮：《传教士中文报刊史》，上海：复旦大学出版社2011年版。由于传教士是中文报纸的先驱，因此，在晚清早期，其办报史跟中国近代报刊史基本是重叠的。大陆较早系统地研究传教士与晚清现代化关系的，可参考王立新：《美国传教士与晚清中国现代化》，天津：天津人民出版社1997年版。该书于2008年出版第二版。

[2]关于《万国公报》，早期有台湾王树槐和香港梁元生的研究，大陆较系统的研究有王林：《西学与变法：〈万国公报〉研究》，济南：齐鲁书社2004年版（该书根据作者1996年博士论文改编）；杨代春：《〈万国公报〉与晚清中西文化交流》，长沙：湖南人民出版社2002年版。

[3]周伟驰：《晚清新教传教士的文明等级观》，《文景》，2012年第9期。亦见周伟驰：《太平天国与启示录》，北京：中国社学科学出版社2013年版，第276—308页。近来，一些学者对19世纪西方的一般文明等级观及其对中国的影响进行了研究，可参考刘禾主编：《世界秩序与文明等级》，北京：生活·读书·新知三联书店2016年版。

于基督教，它使西方人有道德，有博爱精神，重团结，乐群，有求知精神，追求知识，在教育、慈善等方面都具有宗教精神；当时的国家富强等级是新教国家（英美德）强过天主教国家（法意西），基督教国家强过中国、印度、日本、土耳其等“半文半野”国家，更强过非洲、南太平洋野蛮人国家，这表明新教要优于天主教，基督教要优于异教；像日本这样的国家之所以进步，是因为吸收了西方“教化”（文明）的长处，当然，它现在还没有学到“教道”（新教）。而拒绝学习西方的国家（如中国和土耳其），则往往面临险境。国家想强盛，就要像日本那样学习西方“教化”与“教道”。与启蒙主义思想家从“自由、平等、博爱”及“科学、民主、道德”等世俗价值观来看文明等级不同，传教士是从宗教的角度来看文明的本质和等级的。广学会的几个主要撰稿人如林乐知、李提摩太、韦廉臣、花之安[1]、艾约瑟、慕维廉、沈毓桂[2]都坚持这个观念。从某个角度上看，他们是马克斯·韦伯之前的“马克斯·韦伯”。

新教文明论的论述，在韦廉臣、花之安、李提摩太等人那里都有具体的论述，但在林乐知、沈毓桂的“三伦说”里得到了集中的表达。它认为，人上要面对上帝，下

[1]对花之安的研究，可参考张硕：《汉学家花之安思想研究》，北京：知识产权出版社2014年版。

[2]易惠莉：《西学东渐与中国传统知识分子：沈毓桂个案研究》，长春：吉林人民出版社1993年版。较早的对传教士个体的介绍可参考顾长声：《从马礼逊到司徒雷登：来华新教传教士评传》，上海：上海书店出版社2005年版。至于艾约瑟、慕维廉、韦廉臣，尚未看到相关的研究专著。在对待基督教与中国文化的高低评估上，传教士虽然总体上扬耶抑儒，但个体存在着程度上的差异，如李提摩太和李佳白较为和缓，林乐知则较为严峻。

要处理万物，中间要对待同类，因此而有神伦、物伦和人伦。只有崇拜真神，才能正确地对待他人，以平等、自由、民主处之，才能正确地对待万物，发展科技，利用厚生。如果说神伦是强调基督教排他一神论，物伦则是要引入西方科技观念，以破除中国人的泛灵论和风水迷信之类阻碍现代化的观念（如风水严重阻碍了修铁路和开矿），那么人伦跟中国传统的人伦有什么不一样呢？在《教会新报》阶段，林乐知尚侧重耶儒在仁义礼智、忠孝节义、戒律上的一致，但随着甲午战争严重暴露中国文化的负面因素，林乐知开始强调新教人伦异于且优越于儒教之处，以美国式的自由、民主、平等来反衬儒教的专制、束缚、愚昧，较为系统地揭露并批判了儒教的负面影响。正如在印度的传教士对印度文化的批判促进了印度知识分子的启蒙主义一样，传教士与中国基督徒对中国文化风俗陋习的系统批判（从男尊女卑、缠足到专制），启发了从康有为、梁启超到新文化运动的文化反思与启蒙主义。

今天，如果我们系统地阅读《教会新报》和《万国公报》上中外作者的文章，就会发现，对中国传统宗教的批判，对皇权、族权、夫权、神权的批判，对国民性的批判上，以及提倡白话文、汉字拼音化，在晚清已经全面展开，只不过用词没有那么激烈。他们的这种反思与批判，可以称为近代第一波启蒙主义运动。如果说陈独秀、鲁迅、胡适等人是以现代西方科学民主思想来批判中国传统文化，那么这第一波启蒙主义运动就是以现代新教思想[1]来批判中国传统文化。

西学对晚清各方面，尤其对政治和思想方面，一直持续发挥着影响。从林则徐、魏源、徐继畬到洪仁玕和冯桂芬这样的新式思想家，一步步地向前深化，直到在戊戌运动中达到高潮。康有为、梁启超、谭嗣同[2]等人受李提摩太、林乐知的影响是十分显著的[3]，他们的许多改革建议、新知识和新思想，直接来源于广学会、江南制造局翻译馆的著作[4]。经过义和团运动的反西方文明后，清朝痛定思痛，决定实行君主立宪，不仅西学在“转译”中迎来新一波高潮，连民教关系也在双方的反思和克制下开始缓和，基督教迎来一个平稳增长期。西学不仅对经世派、改良派、洋务派、维新派有影响，对一早一晚以洪秀全和孙中山为代表的反清人士亦有影响。太平天国与基督教的

[1]现代新教思想是在基督教的视野下容纳科学与民主，它跟苏格兰启蒙、英美温和的改良传统有关，它并不认为基督教与科学、民主是矛盾的。这种兼容论的思想视野，在民国初期的赵紫宸那里都还存在。而新文化运动的主导方向则是排除了信仰的科学与民主，近似于法俄无神论与世俗化传统。

[2]张灏：《烈士精神与批判意识：谭嗣同思想的分析》，北京：中央编译出版社2016年版，第45—51页。朱维铮先生在谈到西学对谭嗣同的影响时说：“谭嗣同非但同意彻底西化，甚至像王韬一样，以为西方列强侵略中国是好事，可以加速中国的革新。”参考李天纲编校：《万国公报文选》，上海：中西书局2012年版，第24页。

[3]王树槐：《外人与戊戌变法》，上海：上海书店出版社1998年版（原书于1965年在台湾出版）；梁元生：《林乐知在华事业与〈万国公报〉》，香港：香港中文大学出版社1978年版；房德邻：《〈万国公报〉与戊戌变法》，《北京师范大学学报》，1986年第6期。

[4]强学会办的《万国公报》（与上海《万国公报》同名）和《中外纪闻》，许多内容即直接转自传教士所办刊物。关于维新派所办报刊的一般情况，可参考徐松荣：《维新派与近代报刊》，太原：山西古籍出版社1998年版。

关系甚深，尤其深受《圣经》《劝世良言》的影响[1]。孙中山早年自命“洪秀全第二”，1894年他曾在《万国公报》上发表《上李傅相书》[2]，改良不成后，决定采取革命方式再造中华，其早期追随者与起义人员中多为基督教徒[3]。这是因为他们受到西方现代思想的影响，具有了新的世界观和价值观，不能再忍受清朝的腐败统治。在晚清，香港、广东、上海等沿海地区和海外，中国基督教徒已呈现网络状分布，通过与西方基督教世界的连接，他们中间正酝酿着一些新的思想和人群、改造社会和国家的力量，也酝酿着新世界各行业的领袖[4]。

梁启超在关于明清学术思想史的著作[5]中，对西学的影响和意义做了高度评价。但是，后来者在撰写中国近代史时，由于种种原因，对于晚清西方人士如何译介西学，将新的思想和观念传递给中国知识分子（口岸文人），并通过他们的笔影响到中国思想界，进而影响到中国历史，整体上的研究尚不足。比如，桑兵主编的近800页的巨著

[1]可参考周伟驰：《太平天国与启示录》，北京：中国社会科学出版社2013年版。

[2]李天纲编校：《万国公报文选》，上海：中西书局2012年版，第269—279页。

[3]梁寿华：《革命先驱：基督徒与晚清中国革命的起源》，香港：香港宣道出版社2007年版；李志刚：《洪秀全与孙中山对耶儒的认识》，载《基督教与中国近代文化》，香港：香港基督教文艺出版社2009年版；李志刚主编：《辛亥革命与香港基督教》，香港：香港基督教文艺出版社2009年版。

[4]罗元旭：《东成西就：七个华人基督教家族与中西交流百年》，北京：生活·读书·新知三联书店2014年版。讲述了上海互有姻亲关系的七大基督教家族的崛起历史。其实，在香港、广东、福建也有不少这样的基督教世家。

[5]梁启超：《论中国学术思想变迁之大势》，上海：上海古籍出版社2001年版，第135—136页；梁启超：《清代学术概论·儒家哲学》，天津：天津古籍出版社2003年版，第85—87页；梁启超：《中国近三百年学术史》，天津：天津古籍出版社2003年版，第30—31页。

《近代中国的知识与制度转型》[1]，就很少谈到晚清译述带来的知识变化，而直接从日本的影响开始。相比之下，《剑桥中国晚清史》[2]，则用了《1900年以前的基督教传教活动及其影响》一章专门讨论这种影响，显得比较平衡。

在资料上，与明清时期西学东渐重要文献逐渐得到系统出版[3]不同，晚清西学文献（包括宗教文献）一直没有得到系统整理出版，相关著作的出版只能比较孤立而零散地进行。比如，在人文社科书籍方面，上海书店出版社2002年“近代文献丛刊”出版过晚清几本产生过重要影响的西学书，如李提摩太译《泰西新史揽要》、花之安编著《自西徂东》、林乐知译《文学兴国策》、丁韪良译《万国公法》、傅兰雅译《佐治刍言》等。上海科学技术文献出版社2012年出版了《江南制造局译书丛编》，将当年江南制造局翻译馆的译著予以出版，除了工程类书籍外，还选了较有思想性的“政史类”书籍，收入《佐治刍言》《列国岁计政要》《西美战史》《俄国新志》《法国新志》《埏纮外乘》《四裔编年表》《各国交涉公法论》《各国交涉便法论》《公法总论》《美国宪法纂释》《欧

[1]桑兵主编：《近代中国的知识与制度转型》，北京：经济科学出版社2013年版。

[2]费正清编，刘广京译：《剑桥中国晚清史》，北京：中国社会科学出版社2006年版。

[3]最近代表为张西平等主编：《梵蒂冈图书馆藏明清中西文化交流史文献丛刊》（第一辑），河南：大象出版社2014年版。它基本涵盖了以往相关的出版物。另可参考钟鸣旦等编：《法国国家图书馆明清天主教文献》，台北：台北利氏学社2009年版；周岩编校：《明末清初天主教史文献新编》，北京：国家图书馆出版社2013年版。黄兴涛、王国荣编：《明清之际西学文本》，北京：中华书局2013年版。

洲东方交涉记》《英俄印度交涉书》《东方时局论略》等。2014年，上海书店出版社影印出版了全套《万国公报》，在清晰度上超过了当年曾普惠于学界的台版《万国公报》。在宗教类书籍方面，最近几年，上海大学陶飞亚教授对近代基督教（包括新教）文献的总量和馆藏情况做了一个系统摸底，取得了很大成就，可以作为以后出版的一个路线图。在港台，一些新教传教士的著作开始得到搜集、整理和出版，郭士立、丁韪良、米怜、宾为霖、理雅各、杨格非等人的中文著作选集开始出现[1]。

不过，跟晚清西学的总量相比，这只是沧海一粟。仅仅由广学会出版的著作，当年数千卷著作中，今日有机会重出的也是寥寥无几。

我们出版这套“晚清西学”丛书，是希望能搜集、整理出一些具有代表性的晚清西学译撰著作，填空补缺，为还原晚清思想的全貌做一些添砖加瓦的工作。我们希望能促进对晚清西学的研究和重新评估，将之作为明末清初至今完整的“西学东渐”上的重要一环，予以独立的突显。

三、广东在晚清西学东渐中的地位

鸦片战争之前，广州是清朝对外开放的唯一港口，也因此是西学东渐的唯一口岸。以新教传教士为代表的具

[1]周联华主持，曾庆豹、吴昶兴主编的“汉语基督教经典文库集成”系列，在香港橄榄出版有限公司出版，已出版的晚清传教士文献有黎子鹏编注：《晚清基督教叙事文学选粹》（2012年）、《赎罪之道传：郭实猎基督教小说集》（2013年）、《天道溯源：丁韪良基督教作品选粹》（2013年）。

有现代知识的西方人士，都是先到广州[1]，如马礼逊、裨治文、卫三畏等人；鸦片战争后，香港被割让，上海、厦门、福州、宁波开放后，西方人士才逐渐分头奔向这些沿海城市。在很长一个时期内，广州在西学东渐中占有优势，但后来逐渐被上海赶超。关于广州为何被上海赶超[2]，以及何时被上海超过，曾经有过讨论。一个主要的可能原因是，鸦片战争后，按《南京条约》的规定广州应对英国人开放，但广州人抗拒，前前后后拖了十五年[3]，正是在这一时期，一些西方人士开始从广州迁往上海，广州西学人才外流。虽然如此，广州也仍旧是近代文化中一个极其重要的中心点。广东人容易接受新的生活方式和思想观念。反观一下中国近现代史就能知道，从太平天国起，“南风北吹”跟“西学东渐”几乎是同步的。这种态势甚至持续到改革开放的今天。

在近代报刊创办上，广州领先一步。广州原为清朝唯一通商口岸，早期来华西方人士为让西方人了解中国而创办了一些英文期刊，同时又创办了一些中文报刊，一是为了向中国人传教，二是为了让中国人了解西方，促进文化交流，增加西方文明对中国人的影响。中文报刊中，较为

[1]梁碧莹教授介绍了跟广州关系密切的20多位美国人，其中有一小半是传教士。参考梁碧莹：《美国人在广州：1784—1912》，广州：广东人民出版社2014年版。雷雨田主编：《近代来粤传教士评传》，上海：上海百家出版社2004年版。晚清来华传教士介绍了马礼逊、郭士立、米怜、麦都思、裨治文、卫三畏、伯驾、嘉约翰、罗孝全、理雅各、合信、明稽章。

[2]熊月之：《西学东渐与晚清社会》，北京：中国人民大学出版社2011年版，第167—168页。

[3]王毅：《皇家亚洲文会北中国支会研究》，上海：上海书店出版社2005年版，第4—5页。

连贯且有影响的，包括《东西洋考每月统记传》《察世俗每月统记传》《遐迩贯珍》，都是在广州、香港与南洋创办的。后来，上海和北京的发展速度超过广州，《六合丛谈》《格致汇编》《万国公报》均在上海创办，《中西闻见录》则在北京创办。维新时期京沪涌现了一些报刊，如《中外纪闻》《强学报》《时务报》等。同一时期在广州也有一些新的报刊，但是影响力主要在南方和南洋一带。

西方知识也以著作的形式在广东出现。1834年，西方人士在广州成立了“在华实用知识传播会”（Society for the Diffusion of Useful Knowledge in China），裨治文和郭士立（郭实腊）是其中主力。该会出版的著作包括：郭士立《大英国统志》（1834年）、郭士立《古今万国纲鉴录》（1838年）、《犹太国史》（1839年）、《贸易通志》（1840年）、《万国地理全集》（1838年）、郭士立主编《东西洋考每月统记传》（1837—1838年）、裨治文《美理哥合省国志略》（1838年）、罗伯聃《意拾喻言》（1838年）、裨治文《广东方言撮要》（*Chinese Chrestomathy in Canton Dialect*）[1]。1843—1860年之间，西方人士在广州出版的中文书刊，除了《圣经》、传教小册子、词典和年鉴外，还主要有裨治文《亚墨理格合众国志略》（1844年）、合信《天文略论》（1849年）、合信《全体新论》（1851年）、哈巴安德《耶稣教要理问答》（1851年）和《耶稣正教问答》（1852年）、合信《博物

[1]沈国威：《打造专业术语：以19世纪的英汉词典为中心》，载朗宓榭等著：《新词语新概念：西学译介与晚清汉语词汇之变迁》，济南：山东画报出版社2012年版，第299页。

新编》（1855年）、湛约翰《上帝总论》（1856年）、俾士《地理略论》（1859年）、纪好弼《醒世要言》（1859年）和《真教问答》（1859年）、嘉约翰《经验奇症略述》（1860年）等[1]。鸦片战争后，原在广州的一些西方人士逐渐转移到上海。1857年，裨治文、卫三畏、艾约瑟、雒魏林等18人决定成立“上海文理学会”，后来它成为皇家亚洲文会北中国支会[2]。上海的西方人士办报著书的越来越多，使上海成为传播西学的最大中心，但广东仍有叶纳清（1864年去世）、花之安（1839—1899）等人在从事译撰活动。花之安于1886年去上海，但其主要著作是在广东时完成的。

广州作为晚清最重要的西学中心之一，其西学传播从来就没有停止过。上文显示，在广州及广东的西学著作以宗教类和医学类为突出，马礼逊、梁发、合信、嘉约翰都是显著者。一些用粤语翻译的文学著作，如《天路历程》、《人灵战纪》、《辜苏历程》（即《鲁滨孙漂流记》），在粤语文学中有一席之地，可视为《虾球传》的先驱。即便在近代国际公法方面，也是广州的伯驾节译瓦泰尔《国际法》在前[3]，丁韪良翻译惠顿《万国公法》在后。

由于开放最早，广东得风气之先，其西学视野领先内地一步，不少广东人从事西学的介绍或引进。如鸦片战

[1]熊月之：《西学东渐与晚清社会》，北京：中国人民大学出版社2011年版，第129—130页。

[2]王毅：《皇家亚洲文会北中国支会研究》，上海：上海书店出版社2005年版，第11—13页。

[3]谭树林：《美国传教士伯驾在华活动研究：1834—1857》，北京：群言出版社2010年版，第179页。

争前，对西方最了解的中国人是梁廷楠，他著有《海国四说》《夷氛纪闻》等。跟随马礼逊和米怜学习的梁发，其《劝世良言》直接影响了太平天国运动。洪仁玕在香港与传教士韩山文、理雅各等人交往，阅读他们出版的中文著作，使他能够写出中国近代第一个现代化纲领《资政新篇》。再如跟德国人关系密切的东莞世族王家，第一代王元琛是郭士立的弟子，王元琛之子王炳耀和王炳堃跟叶纳清、花之安等人有师承关系，交往密切，王炳耀与孙中山也有深厚友情，其子王宠惠后来成为民国外交部长和总理，他们都有西学著译问世。再如南海人何进善（福堂），他是理雅各在马六甲任教于英华书院时的学生，著有宗教书多部，其子何启是维新派思想家，女婿伍廷芳曾任清廷驻美公使和民国外交总长。像王元琛、何进善这样的世家尚有不少。至于郑观应、康有为、梁启超、黄遵宪等思想家，张荫桓、何如璋等具有新思想的官员就不多说了。甚至康有为的弟子、创办孔教会的高要人陈焕章，也到美国拿了一个博士学位（1911年），其英文著作《孔门理财学》还被马克斯·韦伯引用过。其对儒教的认识已经是在全球化的视野中，含有与西学比较的问题意识，跟传统的儒家大为不同。广东人久在西学熏染中，自觉不自觉地以西学促中学，以中学解西学，融会贯通，创立新学。康有为之参照基督教创立孔教就是一例。

四、编选说明

我们这套丛书，选取了晚清西学中较重要的一部分进行校注。在“西学”范围上，我们不做严格限定，而大致指跟泛称“西方”有关的知识和思想。在时间方面，我们所说的“晚清”，限定在1807—1911年之间，若有个别作品或作者实在重要而延伸至明末清初或民国，也可做灵活的处理。比如，某些译者或作者的选集文章发表时代横跨清朝、民国两个时期。在地域方面，凡是以汉文译撰的著作，不管它们是在南洋、港澳或内地产生的，都可以入选。在作者方面，不管是西方人还是中国人，是直接翻译还是借鉴后独创，都可以入选。由于是立足于广州和广东，我们会侧重广东的西学传统。

我们选书的考虑，大致有如下几个方面：

第一，对晚清思想界和社会产生过影响的西学著作，比如，影响过晚清经世派、洋务派、维新派、革命派甚至保守派的著作。产生影响的译撰著作不一定是在西方本身重要的著作，但在当时晚清的形势下，它们影响了很多中国人，甚至改变了中国的历史进程。如《佐治刍言》《泰西新史揽要》《百年一觉》《大同学》《中东战纪本末》《中西关系略论》《治心免病法》《西学略述》《列国变通兴盛记》《时事新论》《西学考略》《格物探原》等。

第二，有些书的影响较小或几乎没什么影响，但它们在西方本身有重要的历史地位，也有永久的价值，因此是值得重视的，如哲学名著培根的《格致新机》（即《新工具》）[1]，以及一些文学名著，如《天路历程》《鲁滨孙漂流记》等。这些名著在民国还有不同的译本，甚至直到

[1]邹振环：《影响中国近代社会的一百种译作》，北京：中国对外翻译出版公司1996年版，第80—87页。该书较详细地介绍了《谈天》《重学》《佐治刍言》《心灵学》《泰西新史揽要》《治心免病法》《文学兴国策》《百年一觉》等书。

今天还在产生新的译本。回过头去看晚清的译本，一些词语和概念的不同译法，显得别有一番风味。

第三，还有些是因为晚清译本提供了另一种翻译的可能性，具有语言考古价值。晚清译述出现在日语转译之前，译撰者尚未受到和制汉词的影响，而根据汉语自身的规则与历史进行翻译，因此为今日西学的翻译提供了另外的可能性。比如颜永京、丁韪良关于心理学的著译，艾约瑟、傅兰雅关于政治经济学的著译，里面很多关键词语的译法跟现代汉语译法（大部分为和制汉词）颇为不同，值得玩味。这就如同在文学上，新文化运动掀起白话文革命之初，涌现了很多种白话文的可能性，在今天语言越来越趋于统一和相同的情况下，回过头去考察白话文革命之初的种种表达方式，有可能敞开新的空间一样。在一种语言的构成中，词语是基本细胞，作为思想的直接现实，语言意味着思想的界限，重新审视汉语革命的历史，也就是对现代思想史的一种反省。近年来，学界对中国哲学史、思想史有过反思和争论，如现代中国人用“现代汉语”来研究中国古代“哲学”等，是否等于“汉话胡说”，是否在“以西解中”？对于近代以来学科的分类、变迁，基本词语和概念的巨大变革，我们可以借由对这些处于变革前夜的晚清西学译著典籍的“渐变”所进行的微观考察，来重新把握和理解现代中国人思维内容与方式变革的过程，也对诸如“自由”“哲学”这类重要译词是否能准确表达西文原词展开反思和探讨。与此相关，对于一些在和制汉词中传过程中起到了重要作用但今天很少被人提起的转译本，我们也会予以注意。比如王国维翻译桑木严翼的《哲学概论》、元良勇次郎的《心理学》及《伦理学》等等，就既对王国维本人的思想发展起过作用[1]，也对哲学类和制汉词进入中文世界有所影响。在译述和转译之间，相对来说，我们会侧重于译述时期的译撰著作。

第四，虽然我们所理解的“西学”是广义的西学，但由于出版数量有限，我们会侧重于考虑各领域的代表作。比如天文学，晚清相关著译是相当多的，我们可能只选最早也最具代表性的伟烈亚力和李善兰译述本《谈天》，以及他们两人译述的《几何原本》和《代数学》，艾约瑟和李善兰译述的《重学》，合信编译的《博物新编》。当时有开创性的植物学、动物学等自然科学著译也将酌情选入，当然，如果今天其他出版社已有出版，我们会尽量避免重复[2]。晚清历史、地理的著译相当多[3]，我们也只选有代表性的。在人文社会科学方面，可以考虑比较中英法律、详细介绍英美陪审团制度的哲美森《华英谳案定章考》，中国人介绍英法政治制度的刘启彤《英政概》《法政概》，徐建寅《德国议院章程》，李佳白比较各国政治制度的《列国政治异同考》，详细介绍美国宪法的林乐知《环游地球略述》，以及舒高第、郑昌棪译述的《美国宪法篡释》（1907年）等。在西方思想的译介上，虽然只是到了“转译时期”才大盛，但译述中也有不少，比如李提摩太和马林对社会主义的介绍，尤其是马林发表在《万国

[1]可参考佛雏：《王国维哲学译稿研究》，北京：社会科学文献出版社2006年版。

[2]韦廉臣、艾约瑟口译，李善兰笔述：《植物学》，上海：上海交通大学出版社2014年版。该书原于1858年由上海墨海书馆出版，拟定了许多专有名词，对后世有影响。该书此次是作为刘华杰主编的“博物学文化”丛书中的一本出版的。

[3]艾约瑟译的《希腊志略》《罗马校略》得到出版，参考陈德正、韩薛兵校注：《〈希腊志略〉〈罗马志略〉校注》，北京：商务印书馆2014年版。

公报》上含有基督教社会主义成分的关于地租、公正、平等的文章，对孙中山等人产生过影响。在宗教方面，宣教著作我们不会选，但比较有特色或者有历史价值，或者在今天仍有比较宗教、比较经学和比较神学意义的少量译撰著作，会适当选入。韦廉臣、艾约瑟对古埃及、波斯、希腊、罗马的宗教情况做了较多的介绍。在哲学思想等方面，艾约瑟、林乐知等人介绍了古希腊、古罗马和中世纪哲学，林乐知的包含十四本书的《自历明证》丛书，就详细介绍了基督教八大教父中的两位即奥古斯丁和金口约翰的生平与学说，以及日本明治维新时期同志社大学的创办人新岛襄的传记，其篇幅在中文世界里都是前无古人的。在文学方面，比如艾约瑟对弥尔顿、库柏诗歌的译介，都堪称最早。

第五，如前所说，广州在晚清西学东渐中有特殊地位，西学对广东敢为天下先的近现代文化有着潜移默化的影响，并随着广东人走向全国而在全国产生影响。我们将选择有广东特色的译撰著作，包括方言作品，以呈现一个鲜活的广东近代西学传统。

第六，虽然晚清西学著译不少，但我们侧重于以往不太受重视和整理的那些著作，而对于已得到很好整理、校注或市面上易得的著作，如严译、容闳的《西学东渐》等，则尽量避免重复，因此我们的选择含有一种“补遗”的意味，以呈现一个更丰富、更立体、更多面的历史。

五、致谢

在倪梁康教授的主持下，中山大学在2006年成立西学东渐文献馆，搜集、整理西学东渐文献与资料，并定期出版《西学东渐研究》，目前主要有法国籍的梅谦立教授做明清天主教文献研究，倪教授本人做唯识学和现象学的比较研究。我本科毕业于中山大学哲学系，中山大学是我的母校，我跟中山大学有特殊的情谊。近些年我在做晚清新教研究，涵盖的范围从太平天国到广学会和康有为、梁启超维新派之关系，正属于“晚清西学东渐”范围。因我父母在广东，每次我回家探亲，都会去看望在中山大学的师友，如哲学系的陈立胜老师和中文系的新进学者姚达兑。姚达兑是80后学者，他对近代西方文学的中译颇有研究，对出版晚清西学很有兴趣。2015年夏天，我与陈立胜老师拜见倪梁康教授，谈起西学东渐，说起我和姚达兑约了几个海内外同人想做晚清西学校注，只是出版资金一时遇到困难。倪教授听闻后，觉得此事有益于西学东渐研究，也有益于社会和学界，乐意促进此事，于是决定将这套丛书置于西学东渐文献馆的项目当中，通过广州市人文社会科学重点研究基地“广州与中外文化交流研究中心”及广州市科创委“西学东渐与广州21世纪海上丝绸之路”专项基金的经费予以资助。我们决心放眼长远，编出一套有参考价值的丛书。

晚清西学的校注与普通古籍的校注尚有不同，在文言之外，尚有外语（英法德日）及西学知识的问题，校注起来有额外的难度，相关人员寻找起来非常不容易。为找到这套丛书每本书的校注者，姚达兑和我可没有少在网上和微信上讨论。最后，对丛书第一辑的校注，我们找到了几位学贯中西、学养上佳的年轻学者，他们都是海内外名校毕业的博士，有的长期从事中西文化比较的工作，堪称

“合适的人做合适的事”。

此项计划的完成，有赖于一些机构和个人的帮助。尤其是以下机构：中山大学西学东渐文献馆、广州与中外文化交流研究中心、“十三五”国家重点图书出版规划、国家出版基金和“西学东渐与广州21世纪海上丝绸之路”专项基金；以下个人：中山大学哲学系教授倪梁康，南方日报出版社编辑黎衡，以及加盟本项目校注工作的学者肖清和、马永康、赵璐、张洪彬、李彬、王雨、龚昊、孙若圣、韩晓、葛小辉、窦新光、杨汤琛、叶杨曦和陈思行等。姚达兑在联系校注者和出版社方面付出了大量劳动，很多实际的工作也是他在做，在此我要特别感谢他。希望我们的丛书能够有益于读者与学术界，越做越好。

2017年6月26日

《大同学》导读

姚达兑

一、中日甲午战争之败与社会进化论进入中国

1894年爆发的中日甲午海战不仅彻底改变了东亚的政治格局，也改变了中国人自以为中心的观念，促使许多中国知识分子接受了社会进化论（Social Darwinism）的发展模式，并在这种思考框架下寻找救亡和启蒙的药方。首要之事便是为开出药方，先探寻中国衰败的病灶。这不仅需从自身内部找原因，同时还需要一个外在的参照物。正是在这种情况下，科技发达的西方或因学习西方科技而快速发展的东洋，才成为中国学习他者以救偏补弊、富国强民的榜样。中西文化优劣的对比，在中日甲午战争后也越来越鲜明，几乎到达了一个小高峰。这种情况的发生，有一大部分原因是此时大量出版西学译著在起推动作用。其中，严复翻译的《天演论》影响最大，而置于读者眼前的李提摩太（Timothy Richard，1845—1919）和蔡尔康（1851—1921）合译的《大同学》（颉德[1]原著），则是同一时期出版的一部回应时世、回应《天演论》的译作。

在详细讨论《大同学》一书之前，我们有必要先回顾严复译《天演论》和社会进化论时中国的背景。早在1895年，严复在《原强》一文中便率先讨论到了达尔文（Charles Darwin，1809—1882）和斯宾塞（Herbert

[1]李提摩太译本在《万国公报》连载时，原作者Benjamin Kidd（1858—1916）名字被汉译为“企德”，几个月后出单行本时，原作者汉译名被改为“器德”。1902年，梁启超在《进化论革命者颉德之学说》一文中，使用的汉译名是“颉德”，后世有不少文章都以“颉德”为准。故而本文从梁启超的汉译名。颉德原著见：Benjamin Kidd, *Social Evolution,* New York: Macmillan and Co., and London, 1894.

Spencer，1820—1903）的社会进化论。他将达尔文的《物种起源》译为《物类宗衍》，特地指出其中有两章（也即两个主题）极为重要，一是《争自存》，另一是《遗宜种》。“所谓争自存者，谓民物之于世也，樊然并生，同享天地自然之利，与接为构，民民物物，各争有以自存。其始也，种与种争，及其成群成国，则群与群争，国与国争。而弱者当为强肉，愚者当为智役焉。”[1]这种强调全面、绝对的竞争论调，自达尔文至赫胥黎（Thomas Henry Huxley，1825—1895）、斯宾塞、颉德等人，皆有不同层面的阐释。竞争之结果，便是“遗宜种”，谓之“适者生存”。严复将斯宾塞译为“锡彭塞”，将其学说定为“群学”。“群”字，在近代中国往往与“私”相对，多指“社群”或“社会”，故而群学有时也指“社会学”。

1896年严复将赫胥黎《进化与伦理》一书初译成《天演论》，不久便有偷印的“陕刻本”。严复修订完稿之后，自1897年始在天津《国闻汇编》旬刊上陆续刊出，读者争相诵读，一时风行天下。直至1898年，湖北沔阳大藏书家卢弼慎始基斋方将其木刻出版，是为初版单行本。《天演论》的原著是赫胥黎所著的《进化与伦理》一书，是1893年始在英国牛津大学举行的一系列讲座的演讲稿。赫胥黎自称是“达尔文的斗牛犬”（Darwin's Bulldog），可谓是“社会进化论”的忠实辩护者。书中所阐明的观点“物竞天择，适者生存”，在甲午战争失败之后很快便被广泛接受。前辈学者认为，《天演论》当时被当作一部

[1]王栻主编：《严复集》（第1册），北京：中华书局1986年版，第5—6页。

“艰难时世的《圣经》”[1]。此论意味深长，契合了其时效性，也可谓是特定时代的现象。

来华传教士李提摩太和他的中国助手蔡尔康合译的《大同学》一书，则是对严复《天演论》的回应。该书原著是英国社会学学者颉德出版于1894年11月的《社会进化》（*Social Evolution*）[2]。严复曾多次用到“进化”一词[3]，然而该词并未如“天演”那么流行。事实上，李提摩太、蔡尔康所译的《大同学》未使用“进化”一词，而是借用严复使用的且已被大众接受的“天演”一词来指称英语原著中使用的“Evolution”（进化）。自严复至李提摩太，思想脉络上的承继性较为明显。颉德大幅度地改进达尔文和斯宾塞的理论，加入了宗教的因素，可谓是这一学派的理论发展到另一个程度的新产物。他非常看重绝对竞争和进化原则，将社会看作一个有机体（organism），而斯宾塞极力贬低的宗教则被他抬高到至为关键的位置。颉德一方面承认社会进化论的合理之处，另一方面则走得更远，提出集体的利益、宗教伦理具备某种超理性的裁决力量。这是社会进化中至为关键的因素。

达尔文《物种起源》讲求实证，自先古动植物的演

---

[1] 浦嘉珉著，钟永强译：《中国与达尔文》，南京：江苏人民出版社2008年版，第152页。“艰难时世的《圣经》”一题，是该书第五章的题目。

[2] Benjamin Kidd, *Social Evolution*, New York: Macmillan and Co., and London, 1894.

[3] 李冬木：《从“天演”到“进化”——以鲁迅对“进化论”之容受及其展开为中心》，载狭间直树、石川祯浩主编，袁广泉等译：《近代东亚翻译概念的发生与传播》，北京：社会科学文献出版社2015年版，第97页。沈国威著：《近代中日词汇交流研究——汉字新词的创制、容受与共享》，北京：中华书局2010年版，第166页。

变至人类的繁衍生息，皆有考古实物可证。这一点在后来的“社会进化论”中则被悬空。社会进化论更突显出如下观念：社会与自然界的生物一样，不是亘古不变，而是不断进化，而社会进化的原因也如生物进化一样，都是“物竞天择”。为适应新的变化，社会必须不断进化。这种立论，乃是基于一种假设，即社会如同生物一样，是一个有机体。如何证明社会的进化呢？在赫胥黎的社会进化论中，并非最强者而是最适者才是自然的选择。这里强调的不是弱肉强食，而是那些适应于生存环境的往往是在伦理标准上最优秀的人。进化论的观念虽然起自达尔文，但经赫胥黎等人的发挥已经走得很远。关于进化与伦理的关系之命题，自达尔文的名著出版之后，在过去的一个多世纪内欧美学界已经有大量的辩论。这一大辩论的诸项议题，涉及了地质/地理、种族/国族演化、古人类/其他生物、自然选择和自然神学等学科方向。后世学者曾将一些参与论争的重要论文集结为《进化论辩论：1813—1870年》并出版。[1] 这一册所收的赫胥黎的文章，乃是取自其所著《进化与伦理》一书中的一章，讨论的是关于“进化论与自然”的关系。这一议题，可谓是当时“时代的问题”。其时任职于统计局的颉德对人类社会发展，尤其是那个时代英国的社会发展的各种各样的数据非常敏感。他试图通过各种数据的分析得出如下结论：社会进化的先决因素，在于这个族群是否具备了最优的“社会效率”（social efficiency）。在此前提之下，他还想进一步证明盎格鲁—

[1]David Knight ed., *The Evolution Debate, 1813—1870*, London: Routledge, 2003.

撒克逊种族进化最优、最先，因为他们的社会具备了最优的社会效率。他们之所以进化得最先，原因在于基督教的发展在社会运动中起到绝佳的超理性裁决作用。具体请看下文的详细分析。

二、颉德所处的思想史脉络

在1899年《大同学》于广学会刊行前，该译本的第二至四章曾连载于同年的《万国公报》上，颇受时人关注。同年晚些时候，便由上海的广学会印行了单行本，初印两千本。译者李提摩太是一位来自英国基督教浸信会的传教士。他自1870年12月抵达上海，此后在华传教达45年之久。1891年至1916年间，李提摩太在上海出任广学会的总干事。在此期间，他利用广学会的报纸《万国公报》和出版物，引进西学，试图推动社会革新，改造社会风气。蔡尔康1894—1901年曾任《万国公报》汉文主笔，是美国传教士林乐知、英国传教士李提摩太的汉语助手，与他们一起合作著译了不少作品。蔡尔康自己也著译颇丰，其作品常见于《万国公报》等杂志。

那么，谁是颉德？颉德在出名之前，是英国政府的一名公务员。此人极为勤奋，未曾上过大学，靠自学成才进入英国统计局。通过自学，他饱读群书，广泛涉猎生物学、哲学、历史学、经济学和政治学等学科。后来反对他的学者便过分地指责他没有受过严谨的学术训练，知识不成系统，其写作中许多地方暴露了因知识缺乏而作出不可靠推测的问题。1894年出版的《社会进化》一书，使他从一名默默无闻的低层公务员，变成一名享有国际声誉的作者、思想家。此外，他还是第一位倡议成立英国社会学学会的学者。

1890年发生的一件事，促使了颉德写出《社会进化》一书。在这一年的夏天，颉德特地从英国去了德国的弗莱堡，慕名拜访了著名进化论学者魏斯曼（August Weismann，1834—1914）教授。这次访问对颉德影响至大，是其写《社会进化》一书的触因，也可以说改变了他的人生。颉德后来的文章喜欢征引魏斯曼的观点。魏斯曼继承了斯宾塞的社会进化论，将社会看作是一个有机体，并且非常强调绝对竞争和残酷选择在社会进化中的重要性。魏斯曼的进化论观念，可谓是颉德思想的源头。

当时，颉德曾请教魏斯曼这位德高望重的进化论学者，如何看待宗教在进化论方面的意义。魏斯曼的回答是肯定的。他认为，宗教（实是特指基督教），在人类进化的过程中，起到了极为重要的作用。社会进化论迄今已经有了非常长足的发展，但是在影响文明和社会发展的各种因素中仍有许多事是科学所无法解释的，而这些无法解释的内容在未来会继续成为宗教的基础[1]。魏斯曼认为科学与宗教的关系是：科学无法解释社会和文明发展中的“最终极的真实”（ultimate reality），即精神世界，超越性的存在本身。他认为，在物理学中，甚至是原子中也包含了某种无法解释的神性。魏斯曼的这种观念未曾在其著作中大加阐释。颉德非常敏锐地觉察到一种可能，即在当时非常流行的“社会进化论”中，加入宗教的维度。他认为，

[1] D. P. Crook, *Benjamin Kidd: Portrait of a Social Darwinist,* Cambridge: Cambridge University Press, 1984, p. 40.

人类社会的进化区别于生物的进化，最关键也最易被人忽略的因素便是宗教。因而，在这种观念的引导下，颉德花了近三年的时间，写作了《社会进化》一书。

1893年初，35岁的颉德将《社会进化》的书稿上呈给了他的上司米纳尔（Alfred Milner，1854—1925）爵士。当时颉德只是一位低层的公务员，而米纳尔则是英国国家税务委员会的主席。米纳尔非常喜欢这部书稿。这与其阶级身份相关，因为此书为大英帝国的殖民扩张和种族歧视做了辩护。米纳尔不久便出任英国驻南非的最高使官。此君具有非常强烈的国家荣誉感。他在颉德的书稿中，找到了白种人在文明进化中的“崇高任务”。米纳尔毕业于牛津大学，曾是一位非常勤奋的、学业极优秀的高才生，后来成为大英帝国的“种族爱国主义”理论的发明者、空想家（visionary）。当颉德将书稿献给他时，不仅将其看作上司，而且还视为精神导师。米纳尔的背后是牛津的学术传统。米纳尔对工业主义大加批判，曾在伦敦大力宣扬社会主义（Socialism）和改革主张。这些方面的论述，都深得颉德认同。因而，李提摩太译《大同学》时，自然而然地为中国人首次介绍了书中内含的马克思及其社会主义学说。一方面，颉德通过米纳尔连带的学脉，与牛津学术圈有了直接的联系，并受邀至牛津做过“斯宾塞讲座”；另一方面，颉德是剑桥大学的学者。颉德的书在麦克米兰（Macmillan）出版社出版之后，很快就收到褒贬不一的许多书评。其中剑桥大学三一学院的学者麦肯锡（John Stuart MacKenzie，1860—1935）对该书赞赏有加，并随后邀请颉德至剑桥大学演讲。自此之后，颉德的下半辈子与剑桥一直有着紧密的联系。他还与达尔文的儿子弗朗西斯·达尔文（Francis Darwin，1848—1925）过从甚密。要之，这一部书使其跃身成为一时名流。

颉德改造了斯宾塞等人的社会进化论。他将人类族群、社会、文明，看作是类似于生物的有机体。在论述中，他非常强调生物进化论，以及宗教对社会进化的影响。前者受到了许多质疑，后者也是毁誉参半。其中，赞赏者包括大英帝国的首相、外派的使官、军队将领、传教士、富可敌国的商人和侵略者等等。在19世纪末至第二次世界大战前，他被当作是孔德（Auguste Comte，1798—1857）哲学的继承者和社会预言家[1]，社会学的奠基人，韦伯（Max Weber，1864—1920）和涂尔干（Émile Durkheim，1858—1917）的同道。甚至后来还有了“颉德—涂尔干假说”，即宗教创造并促进了社会团结[2]。这一观点在当时已受到一些学者的批评：历史上，宗教或信仰，曾经非常频繁地给许多社群带来过灾难性的影响。他是达尔文进化论的集大成者，自斯宾塞至魏斯曼，再到颉德，社会进化论的发展进入了另一个层次。然而，他改造了社会进化论，加入了一种决定性的新元素，即超理性的利他主义，其源头便是基督教。在这一点上，有学者已指出：“颉德像他之前的维柯和黑格尔一样认为，在人类发

[1] Robert Mackintosh, *From Comte to Benjamin Kidd: The Appeal to Biology or Evolution for Human Guidance,* London: Macmillan and Co., Limited, 1899, pp. 258-277.

[2] D. P. Crook, *Benjamin Kidd: Portrait of a Social Darwinist,* Cambridge: Cambridge University Press, 1984, p. 380.

展过程中，宗教起到了超理性的统治力量。”[1]这种超理性的力量，其源头便是基督教。颉德还是第一个使用“社会效率”一词来讨论社会学现象的学者，并且他的理念和这个概念影响到美国的杜威等实用主义哲学家，也无形中影响到英美现代教育的发展[2]。

颉德一生极为勤奋，除部分论文之外，主要著作有如下七部：①1894年的《社会进化》（即本书《大同学》原著）；②1898年的《控制热带》（*Control of the Tropics*）；③1902年的《西方文明的原理》（*Principles of Western Civilization*）；④1908年的《个人主义及其后续：1908年斯宾塞讲座》（*Individualism and After: The Herbert Spencer Lecture 1908*）；⑤1909年的《社会学的两种主要原则》（*Two Principal Laws of Sociology*）；⑥1918年的《科学的力量》（*The Power of Science*）；⑦1921年的《一位哲学家与自然》（*A Philosopher with Nature*），最后两本为颉德逝世后发表。除《大同学》之外，其他作品并未见有汉译本出版。

---

[1]D. P. Crook, *Benjamin Kidd: Portrait of a Social Darwinist*, Cambridge: Cambridge Universtiy Press, 1984, p. 378. 克鲁克在其书附录中提及，学者Harry Elmer Barnes在1922年的论文中将颉德与维柯、黑格尔做了类比。请参考H E. Barnes, Benjamin Kidd and the “Super-rational” Basis of Social and Political Processes, *American Journal of Sociology*, 1922, 27, pp. 581-587.

[2]Michael Knoll, From Kidd to Dewey: the Origin and Meaning of “Social Efficiency”, *Journal of Curriculum Studies*, 2009, 41（3）, pp. 361-391.

三、颉德的《社会进化》和相关批评

颉德在《社会进化》一书中表明：社会和现代文明的进化，远不是因为理性或科学的发展，而是因为一种源自宗教信仰的超理性力量，在背后起关键作用。此书甫一问世，便广为流传，后来还影响到欧洲的社会福音运动的开展。因而，也被人捧为“斯宾塞福音”：

斯宾塞的社会进化论+基督教的福音书=颉德的理论

时人对于“斯宾塞福音”褒贬不一。赞赏其学说的学者，为其申论或辩解，逐渐形成了一个“宗教进化论”（Religious Evolutionism）的阵营。厌恶其学说者，有的辛辣地批评道：这是一种为宗教信仰辩护的“伪科学”“伪哲学”和“伪达尔文主义”（Pseudo-Darwinism）。亚瑟·路易士（Arthur Lewis，1873—1922）在其出版于1910年的著作《盲人的十大盲目领袖》中，将此时仍盛名未衰的颉德列于当代“盲人领袖”的首位[1]。这是一种莎士比亚式的嘲讽，意在表明：颉德先生充当起我们时代的先知，如同盲人为盲人引路。还有的学者将《社会进化》一书，称作是一种“乌托邦式的社会主义”（Utopian Socialism）。

颉德认为，一个社会的进步，并非源于人类的智力发展，而是自宗教而来的伦理系统。颉德的观点不久得到了更好的阐释。20世纪初著名心理学家荣格便有类似的

---

[1] Arthur M. Lewis, *Ten Blind Leaders of the Blind*, Chicago: Charles H. Kerr & Company, 1910, pp. 7-27.

理论，而韦伯在其著作《新教伦理与资本主义精神》中也有较为类似的解释模式，只不过结论并不一致。更确切地说，颉德认为基督教为社会进化提供了一种“社会利他主义”（Social Altruism），促使人们更为注重集体的、社会的、族群的公共利益，而非仅仅盯着眼前的个人利益。他挑战的是自霍布斯、洛克以降至斯宾塞的功利主义传统。他希望社会能够进化到一个“利他伦理”的阶段（Altruistic-ethical Phrase），人们自愿为社会的发展和人类的后代做贡献（牺牲）。基督教的利他主义，让人献身于集体，而非个人私利。所以，颉德在其后来的另一部著作《西方文明的原理》中指出：古希腊根本就没有人道主义，罗马帝国更谈不上，唯有罗马帝国崩溃之后，基督教产生，西方文明才具有生命力（the life force）。在颉德的意义上，这实是指一种“利他精神”，一种超理性的制裁力（ultra-rational sanction）。有意思的是，颉德简单地将个人的私己利益看作是出于本能的理性。这种理性不具有超越性的可能，只能导致族群的退化，或者使得一个社会失去其“社会效率”，也因而使族群在长期的进化中，逐渐失去竞争力。所以，他需要借用信仰之力，来推动社会伦理的革命。

笔者认为，在个人利己对于社会发展是否有益这一点上，颉德与韦伯两人的观点，稍有差异。韦伯看到了自私自利虽然有悖于宗教教义但仍有益于社会发展的某些方面。颉德的观点在现在看来，可能稍有点偏激。他将宗教的利他和个人的利己二元对立看待，尤其是将对个人利益的追求看作是完全堕落的、邪恶的，认为“受理性引导的人，往往受个人利益所驱使”（Men guided by reason were usually guided by self-interest）。这种将“理智”过度简化为个人的利益冲动的观点，是值得商榷的。确实，人的行为有的时候会受经济的和社会的利益所影响。颉德仅看到了这一点，便认为是一大弊端，因而认为，个人的利益必须服务于族群的利益，这方面可由宗教的利他主义来规范和保障。这一论点，在大英帝国全面兴盛之时，虽受指责，但是也赢得了一些赞赏。然而，到了“二战”之时则变得臭名昭著，以至于与纳粹主义相提并论，被人指责为“一如后来的法西斯理论在帝国主义的论断上一样，毫无根据”[1]。其实，这种对比并不冤枉，但也有争议。颉德的盎格鲁—撒克逊主义（Anglo-Saxonism）与后来纳粹的亚利安人种族主义一样让人诟病，其所谓白人的种族基因优秀也并没有科学的证据让人心服口服。需要指出的是，颉德事实上还有如下的补充：所谓白种人之所以先进，其决定性因素并非先天的，而是来自后天的竞争，即这个种族或社会族群之所以先进，是因为该族群比其他族群更具“社会效率”。

与颉德同时代的评论者早已指出：这是一部非常奇怪的书，书的内容本身就充满了各种矛盾。这部书为宗教提供了一种进化科学式的解释，也为种族竞争做了辩护。作者用一种非宗教的笔调，甚至伪称是科学的学术的语言，写出了宗教的社会作用。这是一部“时代之书”，被后世学者称为社会进化论学术史上的里程碑[2]。笔者认为，颉

[1]这是Greta Jones在1980年的看法，转引自D. P. Crook, *Benjamin Kidd: Portrait of a Social Darwinist,* Cambridge：Cambridge University Press, 1984, pp. 387-388.

[2]D. P. Crook, *Benjamin Kidd: Portrait of a Social Darwinist,* Cambridge：Cambridge University Press, 1984, p. 1.

德的成功一方面是因为满足了大英帝国对外扩张的诉求，也给身处充满激烈国族竞争时代的读者一剂救世救国的良方；另一方面则是来自宗教上的世纪末和新千禧的影响，基督教千禧年的未来主义图景引导着教徒狂热地投身于宗教活动，他们当然也较易接受颉德的宗教应用观点。

当代学者克鲁克（David Paul Crook，1937年— ）认为颉德的《社会进化》一书在当时的成功，可能有如下三种原因：第一，时处19世纪的世纪末（Fin de siècle），新年“千禧年”将至，这一时间点对于基督教背景下的读者有一定的影响。《圣经·启示录》所描绘的种种末世图景，为“千禧年”和各种未来主义提供了原型，即未来是一个即将抵达的、全然不同的世界。这些读者自然会特别期待见证“千禧年”和基督王国的到来。因而，当颉德讲宗教信仰对人类社会发展有关键作用时，当时的读者肯定都想知道个究竟。第二，克鲁克认为该书主题明确，有着非常自信的风格，其文风能引起一般读者的兴趣。可以补充的是：颉德所使用的语言时有夸张之处，终还是能自圆其说，学界之外的一般读者要反驳其观点也并非易事。第三，克鲁克认为颉德使用魏斯曼的社会进化论理论非常切题，较为前卫，而且有其创新之处。鉴于魏斯曼在当时欧洲有不小的影响，而“社会进化论”的主题已被时人热议了半个世纪以上，所以关心相关议题的读者，也会因此找到《社会进化》一书来阅读。笔者较为赞同的是：颉德的成功一方面是满足了英帝国主义的对外扩张的欲望，因为其认为白种人的社会效率最高所以进化得最先进；另一方面则是19世纪末末世情结的影响。千禧年将近，宗教狂热在世界各地都如火燎原。

颉德的愿望是成为一位整体社会科学（Holistic Social Science）领域的先驱学者。他也自知并非是一位传统的思想家，却自许为一位非常有原创思想的作家。他的自我定位是：观点可能有偏颇，但原创而超前，故而难以被大众或前辈接受。事实上，不是一般读者难以接受他的观念，而是较传统的前辈对其较为拒斥。他是在孔德至斯宾塞这一思想传统中的社会预言家。克鲁克用饱含情感的笔调写道：颉德毕生孜孜不倦地为了追寻某种非常关键的知识，以解释宇宙的秘密和人类的完善[1]。颉德其实并不在乎那些对他冷嘲热讽的学院派学者，更不在乎那些热捧他的一般读者。他自视过高，自认为其思想远超群伦和时代，所以较看重年轻的、未来的读者，希望未来的一代能读懂他，并接受他。然而，他的愿望却不免要落空。尤其是到了“二战”期间，他的种族论使其蒙受了“纳粹”的污名，受到人们非常不公平的唾骂。

四、“斯宾塞福音”在中国：大同、社会进化与宗教

李提摩太的译序表明，他们的翻译仅是节译，是一种概括原著大义的重新创作。他说：“惟中西文法不同，不必句翻字译。故仅节取各章中扼要语，胪举无遗。”蔡尔康的文才极好，学养颇富，故而此书采用文言，用典稍多，文学水平较高。该书虽是节译，原著各章大旨仍得以保留。

---

[1] D. P. Crook, *Benjamin Kidd: Portrait of a Social Darwinist*, Cambridge：Cambridge University Press, 1984, p. 53.

在颉德原著中，并未使用与汉语“大同”对应的词语。这是李、蔡两人所添加，即将“斯宾塞福音”嫁接到古代中国的大同学说。对此，译者并无说明。“大同”这个概念，出于中国经典《礼记·礼运》：“大道之行也，天下为公，选贤与能，讲信修睦，故人不独亲其亲，不独子其子，使老有所终，壮有所用，幼有所长，矜寡孤独废疾者皆有所养，男有分，女有归，货恶其弃于地也，不必藏于己，力恶其不出于身也，不必为己，是故谋闭而不兴，盗窃乱贼而不作，故外户而不闭。是谓大同。”这是一种具有良好社会秩序的乌托邦。19世纪下半叶至20世纪初，可谓是乌托邦的时代，各种关于完美社会的理论层出不穷。这种情况，中外皆然。自李提摩太于1891年译出《回头看纪略》（1894年易名为《百年一觉》单行）以降，至严复译《天演论》和李提摩太译《大同学》，以及后来梁启超小说《新中国未来记》和康有为《大同书》，大同或未来社会等等图景不断呈现。当西方的乌托邦理念被翻译进中国时，自然而然便征用了传统典籍。李、蔡在译该书时，也便征用了“大同”的话语。颉德《社会进化》是一种关于社会进化和秩序的社会学理论。他认为，秩序的源头应是由宗教安置，而后者的本质能为社会和秩序提供一种超理性的力量，一种超乎个人私利的制约力。换言之，宗教的社会功用在于其提供了一种利他的力量、一种最高的标准来平衡社会进化的秩序。

《大同学》全书仅有数次提到“大同”两字。笔者认为有两次稍具独特意义，略解如下。第一章《今世景象》说：“更有讲生长变化之新学者，析理之精，旷代亦鲜出其右。及进而究‘大同’（二字出《礼记·礼运》篇，盖禹、汤、文、武、成王、周公之治，犹仅‘小康’耳）之理……”此段以下举证，便是斯宾塞和赫胥黎等人的学说。作者或译者所说的“大同”，实际上是指社会进化到一定程度，可以达致的理想社会。作者提到斯宾塞时说其人“善谈名理，曾著《万理合贯》一书。高筑选楼者，评之为今世要典之一”。《万理合贯》一书，是指斯宾塞所著《综合哲学提纲》（*A System of Synthetic Philosophy*，1862—1896年，该书有十卷之多）。“这本书的追捧者认为，斯宾塞将查尔斯·达尔文生物学巨著中极具洞察力的理论思想引入了人性与社会等领域的研究，富于先进性和实践性。”[1]然而，颉德仍说：“尝受而读之，喜其能举消长变化之学。推诸万学，乃万学之冠，有如《大同学》者，竟未能明言其理，岂不可惜。”这意在表明斯宾塞的理论并不能让人信服，故而才著《大同学》。

有趣的是，斯宾塞所著《综合哲学提纲》被李提摩太译为《万理合贯》，却被严复在《天演论》一书中译为《天人会通论》。“斯宾塞尔者，与达同时，亦本天演著《天人会通论》，举天、地、人、形气、心性、动植之事而一贯之，其说尤为精辟宏富。其第一书开宗明义，集格致之大成，以发明天演之旨；第二书以天演言生学；第三书以天演言性灵；第四书以天演言群理；最后第五书，乃考道德之本源，明政教之条贯，而以保种进化之公例要术终焉。呜乎！欧洲自有生民以来，无此作也。”[2]且不

---

[1]温克、亚当斯著，丛日云主编，贾文华、李晓燕译：《牛津欧洲史》第3卷《1890—1945年：危机与冲突》，长春：吉林出版集团有限责任公司2009年版，第18页。

[2]赫胥黎著，严复译：《天演论》，北京：商务印书馆1981年版，第4—5页。

论《万理合贯》与《天人会通论》哪个更为合适，有趣的是严复和李提摩太都看到了，这是一部关于人类社会发展的著作，是前所未有的旷世之作。此外，后来康有为在写作《人类公理》（《大同书》的前身）一书时，可能读过严复、李提摩太两人关于斯宾塞著作的论述，远不只是参考过李提摩太所译的《百年一觉》一书。至于康氏是否读过《大同学》，我们则没有直接的证据。然而，我们可以知道梁启超不仅看过《百年一觉》，也看过颉德的《大同学》一书。这一点，后文再做申论。

翻译本身就是一种阐释和重写，在这个案例中更是明显。不过分地说，李、蔡两人根据原著的意思，取其主要的观点，也援引相关的证据，对原著进行了复述和重写。这种状况，导致原著中的句子在译著中找不到对应。原著和译著的段落也并非一一对应。有时候，原著中几个段落被简明扼要地提炼为几句话。这在《大同学》一书中较为常见。

以下为全书各章内容的概括。原著分十章，后附三份附录。译著将附录改为了四份附表，而本书的整理本则将附录部分去除。有兴趣者，请直接查询英文原著。

我们先列出《大同学》的章节标题，再在其后括号内附以颉德原著标题和再译成的现代汉语，以做对比：第一章《今世景象》（The Outlook）[概观]、第二章《论进境》（Condition of Human Progress）[人类进步的条件]、第三章《相争相进之理》（There is no Rational Sanction for the Conditions of Progress）[进步的条件中理性并不起裁决作用]、第四章《人世第一大事》（The Central Feature of Human History）[人类历史的重要特征]、第五章《大道关系于兴世》（The Function of Religious Beliefs in the Evolution of Society）[社会进化中宗教信仰的作用]、第六章《泰西教化上》（Western Civilisation）[西方文明]、第七章《泰西教化下》（Western Civilisation Continued）[西方文明 续篇]、第八章《今世养民策》（Modern Socialism）[现代社会主义]、第九章《教化本于道心 非出于学术》（Human Evolution is not Primarily Intellectual）[人类进化并非主要源于智力]、第十章《总结》（Concluding Remarks）[结论]。原著书后是三份附录。第一份是英国各行业人士的结婚年龄统计。这一份材料来自颉德所工作的部门，是取自William Ogle博士1890年6月发表于英国皇家统计学学会官方学刊上的论文。第二份是1890年关于美国南部的白种人和有色人种的情况的调查。第三份是取自1891年皇家统计学学会上官方学刊上的论文，内容是关于"文明对人口流动的影响"。原著三份附录和译著四份附录，对于一般读者而言意义不大，故而本书不再抄录整理出来。有兴趣的读者，可以参照原著和译著的书末。

原著出版后短短几年间风行世界，被译成十几种文字，包括阿拉伯文版和中文版，全球读者甚多。李提摩太指出，这是因为作者洞悉19世纪的世界格局和民生困苦，触及了大家关心的问题。李提摩太在自序中说："先生心窃悯之，特著此书，或大声疾呼，或微言隐讽，俾人共知善治国者，必以善讲天道为指归。凡不顾讲天道之国，无不衰败随之。此理甚深，非止关系于一国，实亦关系于全地。"所谓"天道"，即天理、天意，对应的英语词是"providence"（天道、天意、天命、神或上帝）。颉德指的是在一种宗教信仰关系之下不断进化发展的社会原则，简而言之即是时人所谓的“斯宾塞福音”（宗教社会进化论）。在晚清的语境之中，“天道”一词指向的更多是宋儒意义上的“天道”或“天理”。李提摩太（在本书中，应该是在蔡尔康的帮助下）经常杂糅诸宗教和思想的各种元素，以理解和阐释基督教教义。“天道”一词，在严复《天演论》那里，则有“天道变化”等词来指称社会进化的铁律。李提摩太用“天道”一词来形容社会进化的理念，有可能是受严复译著或其他传教士著作的影响。李提摩太曾自道：“余常愿中国盛行救世之大道，而成有知、有道之国，不愿共趋此迷途，而堕入无知、无道之中。”“天道”是为“救世之大道”，对应的即是基督教的救赎方案。

在第一章中，颉德逐一反驳了当时在欧洲有较大影响的主要思想流派和思想家。他批评赫胥黎（胡思礼）竟然如“虚无党人”（无政府主义者），如克鲁泡特金等人。“虚无党人”这个词，在梁启超的《新小说》杂志上发表的论说和小说（如小说《东欧女豪杰》）中，较为常用。其源可能便在此书。李提摩太虽未详细解释何以称赫胥黎为虚无党人，但可推想大概是指赫胥黎并不认为宗教在社会进化中会起多大的作用。本章的一些段落还逐一抨击了达尔文、斯宾塞、亚当·斯密、约翰·穆勒、拉法耶侯爵、亨利·乔治、士提反和魏斯曼等人的言论。除了达尔文和魏斯曼之外，其他学者，他几乎是一一地批驳了。他当然知道，从达尔文的生物进化论，到赫胥黎的社会进化论，中间有一位非常重要的思想家——斯宾塞。斯宾塞将社会当成一个有机的整体，把“适者生存”这一进化理论，应用到了社会学上，以不断进步的观念解释社会的发展过程。

这一派的理论，在19世纪至20世纪初影响颇巨。在历史哲学中，这是一种“可臻完善论”（perfectibilism）[1]，即未来是开放、无止境的进步状态。这正好符合了第二章译文中所征用的《周易》益卦“日进无疆”之说。

实际上，颉德对斯宾塞的论点半是接受，半是反对。接受的一方面是将族群、社会、文明看作是一个有机体。然而，与斯宾塞排斥宗教相反，颉德强调了宗教在社会进化、族群竞争中的关键作用。李提摩太还提及一种与“格致”（科学）相反的理论“安民良法”，也与大同学相关。“安民良法”一词是原著所无，为李氏所创，大概是指治理社会、族群、国家的良好方案。李提摩太译道：“天下大同之治，本不易致。然民吾同胞，苟任其穷而无告，己饥己溺之谓何也？乃格致之学盛行者一二百年，而安民之学竟共置诸脑后。事之可叹，孰甚于斯？所愿后之研求格致学者，由动物学而推诸安民学，则不徒处士免虚声之诮，更可使苍生跻福禄之林矣。”“安民学”与“动物学”相对，与“格致学”（科学）相反，便是颉德所主张的一种新的社会进化论：安民之学=进化论+宗教伦理。进而可知：“安民之学”即“大同学”，即“斯宾塞福音”。

斯宾塞一生的著作有一定的系统性和延续性，这一点也受到颉德的推崇。受其影响，颉德也这样做。如果我们

[1]英国历史哲学学者格鲁内尔曾提出两种历史哲学的发展模式，一是“千禧年论”，另一是“可臻完善论”。千禧年论的结构是封闭的，最终走向“历史的终结”，而可臻完善论的“未来是开放的，不可能实现最后状态，它只能被无止境地接近”。格鲁内尔著，隗仁莲译：《历史哲学：批判的论文》，桂林：广西师范大学出版社2003年版，第40—45页，尤其是第43页。

将颉德一生的著作看作是一部著作的话，那么他在三十多岁完成的这部处女作《社会进化》，则是他一辈子著作中开篇的第一章。

第二章为《论进境》，讨论人类进步的条件。此章至为关键，故而下文不嫌赘述。

（一）开篇即引孟子和《周易》的思想。开篇便是："人之所异于禽兽者，无他，能求日进无疆而已矣。"前半句出于《孟子·离娄下》："人之所以异于禽兽者几希，庶人去之，君子存之。" 这是宋儒以降的理学学者非常热衷引用的一句。人类之区别于禽兽，在理学家看来是道德上、伦理上的胜出。然而，在颉德原著中，此处强调的是：在社会进化中，人类与其他生物之大别，乃在于人类社会的伦理高度发达。两者强调的稍有不同。"日进无疆"一句出自《周易》益卦："益，动而巽，日进无疆。"宋儒程颐有传解："为益之道，其动巽顺于理，则其益日进，广大无有疆限也。"[1]由此可知，笔者前面提及理学并非节外生枝，而是译者李提摩太、蔡尔康（尤其是蔡尔康）将颉德的社会进化论中的永远竞争、不断进化的观念，借用了理学的话语，来指称进化的规律。比如，宋儒用理学对周易进行解释，认为万事万物之"日进无疆"，必定要顺乎理学之"理"。这个"理"，在《社会进化》原文中，则是指一种规律。用颉德的话来说是："人类不断地进化……而社会系统和文明与个体的进化非常相似。社会和文明的进化，也像是一种有机体的进化，

[1]程颐撰，王孝鱼点校：《周易程氏传》，北京：中华书局2011年版，第238页。

很明显有其健康和发展相关的一定规则。”[1] 颉德对现代人类社会的进步感到惊奇和敬畏，认为这种种事情给人以神秘而超凡的感觉，这背后必须有一定的规律。

（二）译者援引宋儒的气论来解释物理学，可谓奇也怪哉。“人为万物之灵，不第明君民之分际已也。盈天地间，皆气也，而人能一一略知之。有化学家出，更能审其质而标其名，分其类而知其用。甚至电气之属，供人驱使，不啻主之役仆。夫气，其至虚而无丽者也，其至微而无定者也。天地之大权，乃旁落于人中。人不几与神同其智能哉！”此处“主”“神”等词，皆指基督教之造物主上帝。另外，很明显，理学的“气”与物理学的“气”并非同类，却被用来类比说明。若是看到作者的观念中将万物看作一个个有机体的话，则不难理解这种误读有其渊源。

（三）颉德认为进化的终极便在于至善。作者援引欧洲近三百年来各国相互竞争的状况，以说明有竞争方能有进步，然而又必须强调竞争之目的在于“至善”，而“至善之教”则暗指基督教。“凡国之所以日进无疆者，又必于相争相胜之道，历经试验，而以至善为归焉。然其中又有自然而然之理。”又：“自古至今，凡不知教化之国，人皆畏而避之。知教化矣，其有至善之教，人更乐与来往。” 第四章还提到“教会知有上帝，而愿效其至善”“奉造化主之命” 和“愿择斯世之至善者竭吾才力”等等。读者若非教中人，读到第二章的“至善”，或许联想到的是孟子的性善之论，联想到至善之德行。但至第四

[1]Benjamin Kidd, *Social Evolution,* New York: Macmillan and Co., and London, 1894, p. 33.

章方知“至善”，实指基督教。

（四）原著中颉德仅提及人类、文明、社会、族群的进化，而未曾提到国家面临的竞争和进化。颉德虽然认为万事万物皆无法脱离竞争和进化的铁律，然而未曾强调国家的命运受制于社会进化。但是，李、蔡的译文在这方面着力尤多。李、蔡译道：“由生物而社会，由人类而国家。苟欲洞明此理，首宜知国家之兴，亦如动物之生长，多有不相上下者。然苟无人治理，不但无从兴国，而且逐代递降。”这是将动物世界之竞争法则，应用于国家竞争上面了。故而，后文更明确地指出：“各国兴盛之真机，即在于相争相胜。”这应该是中日甲午战争之后的特殊需求。作者援引了欧洲近三百年来各国的竞争，以说明有竞争方能进步，然而竞争必须强调其目的在于“至善”。

第三章名为《相争相进之理》，原著则为《进步的条件中理性并不起裁决作用》。颉德认为，促使人类产生和发展的两种力量，分别在于理智和由此指导下的行动能力。然而，个人的发展，必须依赖社会的长足发展。社会发展越成熟，后者越重要，因为个人仅是社会这个有机体中的一个小小的细胞。生物的演化“胜而存”，“败而死”，唯有生存方能继续进化。人为万物之灵，也逃脱不了如是命运。社会的进化，也如是。个人的理性往往促使人们追求个人的私利。这会与社会这个有机体的整体发展产生矛盾。然而，个人的追求唯有顺应社会发展，方能促使整体社会向更好的方向进化。因此，人们往往求诉于超自然而非自然，求诉于超理性（即利他）而非理性（即利己），以裁决他们的行为举止。这种超理性的裁决力量其源有自，即宗教。前辈学者也指出：“颉德强调，世界诸宗教……通过提供‘一种超理性的激励，即激励人们为社会有机体的利益而牺牲个人利益’来维护进步。”[1]这是从一种新的角度来看待进化。在晚清的读者看来，国家和种族的争胜求存也正是这样，然而作者的宗教视角，未必能为一般读者所接受。

在第三章里，颉德列举了一系列的社会思想家，并对其观点逐一批驳。涉及的大概有巴枯宁的无政府主义、马克思的社会主义、Belfort Bax[2]的社会主义宗教（Religion of Socialism）、爵而治（哲而治，即亨利·乔治）的学说、爱德华·贝拉米的《百年一觉》、查尔斯·布殊的费边社会主义[3]、米勒的《富国新策》（约翰·穆勒《政治经济学原理》）、亚当·斯密的《国富论》，进而引入达尔文的进化论，以及斯宾塞、赫胥黎和魏斯曼教授的社会进化论学说。第三章提出了一个观点：自利（利己）和利他（利众）两者应先得到协调，才能使社会进化更加合理。“是故两者（引注：自利和利他）之争，如衡诚悬，宜使之适剂于平，不可顾此而失彼也。乃历代善言性理之人，亦未能讲明此理。”这里所讲的“性理”，引人联想的是宋明理学话语中的“性理”，然而实指的是基督教真理。正是通过这种词义转借，“进化为第一公理”这一论断，才较易被人接受。

---

[1]浦嘉珉著，钟永强译：《中国与达尔文》，南京：江苏人民出版社2008年版，第283页。

[2]Ernest Belfort Bax（1854—1926），此君为律师、哲学家、历史学家、社会主义者，著作颇丰。

[3]费边社会主义（Fabian Socialism），主张通过温和的渐进的改良主义方式，走向社会主义。

第四章回答一个问题：既然人类在这世上不可避免要相互争胜，那么应当遵守什么样的原则，才能够避免因为争斗而导致灭绝？答案便是宗教所派生出的一种好的伦理制度。为了解释这一点，作者讲了一个颇有科幻色彩的寓言。假如有一个外星人（星球客），来到地球，先去与科学家（格致家）接洽，并请其做了导师。导师便带其浏览世界各国的大都会，让其了解人类的文明发展到何种程度。然而，这位当代的科学家不愿带外星人去参观教堂或寺庙。每当外星人经过教堂或寺庙，发现这些建筑“高华典丽，凌帝所而轹仙宸”，便自然而然会问科学家：“这是什么地方？”科学家当然会为其同行代言：“这是过去时代、人类孩童时期的迷信，人们在这里崇拜祖先或各类鬼神。”[1]李译：“此盖上古不明真理之时，流传之旧俗也。”外星人后来从其他渠道逐渐了解到“教会之理”，因而明白原来地球上讲“性理/真理”的人有两类：一是像其导师一样的科学家，可称为“格致家”，所谓“专讲目前者”；另一类便是教会中人，即“教化家”，这类人是专门教授“推及于人目所不能见，惟人心始能见之者”。所以，科学与宗教的差异，通俗地讲便是“讲目所能见”与“讲心所能见”两派的差异。颉德认为，科学家所论往往聚焦于“眼前之事”“目所见之物”，而宗教家之理之所以高于科学家之理，是因为宗教家关注的是“远近毕赅”之事，关注“虚无”远超于“实有”。这种“虚无”，无法经由科学实证，反而具有更高的价值。

---

[1] Benjamin Kidd, *Social Evolution,* New York: Macmillan and Co., and London, 1894, p. 90.

在第五章《大道关系于兴世》中，作者详细讨论了宗教信仰在社会进化中的作用。颉德首先是对利己和利他做了区分，进而解释属于利他一面的宗教缘何有益于世道人心。“奉天宣教者，则知有古今不变之大道，苟能深入乎人心，自不第存为己之私心也，更当仰体造物之公心，而冀在世之人，无一不得其所。”在这一句中，“奉天宣教者”即基督教传教士，概要而言是与“格致家”（科学家）立场相反。宗教处理的不是理性，而是心灵，其产生作用不是通过论辩，而是通过一种精神性的直觉。去除私心，具有如造物者（上帝）之公心，方能促使社会进步。这才是古今不变之大道。故而，下文又有详细解释：“人之兴衰，一以道之浅深诚伪为衡。而林林总总之中，有专谋利己之一种人，又有上体世界主真意之一种人，此二种人者，彼此相争，仍并育而不相害，即世道大兴之绝妙机缄也。夫教之为用，在于约束人之私心，使人作事，合乎众意者也。”这里重述了一个观点：个人私心服从众意，利己让位于利他。本章结句又强调：“吾盖观于泰西诸名国，而知国之最兴者，实皆缘道之大行，有心世道者，当留意于此绝妙之机缄，无徒沾沾焉究心于动植之物也。”“绝妙机缄”便是颉德的一个发现。他觉得自己发现了世界上最重要的一个秘密：宗教信仰能够为社会行为提供一种超理性的裁决力。因为“理性”纯为利己，利他可超越利己，而宗教则能够将利他主义制度化。颉德的理论虽出于生物进化论，而对徒究心于动植之物的学者报以嘲讽和讥笑。

第六、七两章分别是《泰西教化上》和《泰西教化下》，较为集中地论述了西方文明史发展的过程中，基督教在各个阶段所起的重大作用。这两章的写作为颉德后来写作《西方文明的原理》[1]一书打下了一定的基础。在1902年出版的《西方文明的原理》一书中，颉德更加全面地论述了他的观点。

本书第六、七两章中，颉德对西方文明的历史，有其独特的划分。他认为，西方文明的第一个阶段是以罗马帝国崩溃、基督教的兴起为开始，原因即在于人道主义、利他观念的兴起。第二个主要的阶段则以宗教的改革算起，也由基督教的“利他情感”（altruistic feeling）助以完成。基督教在文明发展中所带来的良好结果，当然还包括慈善事业的发展、解除奴隶贸易和奴隶制度，对不公正的补偿，对人类和其他生物所遭受苦难的敏感和同情，还有更重要的是破除“特权阶级”，给社会带来更多的公平。这些都是来源于基督教的利他情感。“盖基督教中人所讲者，求合天心之公心也，他人但有私心，私自不能与公敌，且又博施济众之普心也。众人但存偏心，偏又岂能与普心敌。”

颉德还回答了一个问题：进化动力的本质背后是什么？他认为必须回到整个发展的有机过程中去考察，因为这个问题根植于我们文明之上的伦理系统之中。他特别指出，基督教从一开始便有两种特征，为进化提供了必不可少的动力。第一种是提供了一种“超理性激励”的力量；第二种便是伦理系统在本质上可提升那些受影响的人，促使其达到效率的最高状态，为他们在与他人竞争时提供一

[1]据其传记作者克鲁克的调查，颉德曾读过《西方文明的原理》一书的中译稿本。笔者未知该书是否曾经出版。

种异乎寻常的优势[1]。

第八章《今世养民策》原为《现代社会主义》（Modern Socialism）。在此书出版前，《万国公报》已广泛使用“养民”一词，而且用法较为复杂，有时指“（富国/强国）经济学”，有时指“社会主义”。比如，影响颇大的艾约瑟《富国养民策》一书，原著为杰文斯（William Stanley Jevons，1835—1882年）的《政治经济学》（1878年，第二版）一书，收入赫胥黎主编的《进化与伦理》丛书（1893年），曾于1892年在《万国公报》上面连载多期[2]。在这部书中，“富国养民”四字，所指却是“政治经济学”。然而，《大同学》一书中，所谓“养民”一词是指“社会主义”或“社会主义运动”。颉德因为在其专著中多次讨论马克思等人的学说，所以被人当作社会主义者。他对于社会主义理论并非全盘接受，比如他指出了马克思并没有详细讨论到社会进化背后的动机能力（motive power）[3]。

第九章《教化本于道心　非出于学术》原为《人类进化并非主要源于智力》。“教化”在此章是指一种利他益群的道德，而“学术”则是泛指智力的发展，智力发展高者是为“灵才”。李提摩太译文有：“人生世上，道德为先，灵才为后。凡求国之兴者，必先培养人之道心，而后

[1]Benjamin Kidd, *Social Evolution,* New York: Macmillan and Co., and London, 1894, pp. 139-140.

[2]相关讨论，可参考森时彦：《清末中国吸纳经济学（political economy）路径考——以梁启超为中心》，载狭间直树、石川祯浩主编，袁广泉等译：《近代东亚翻译概念的发生与传播》，北京：社会科学文献出版社2015年版，第283页。

[3]Benjamin Kidd, *Social Evolution,* New York: Macmillan and Co., and London, 1894, p. 234.

教以学术，济以灵才，则夫日上蒸蒸者，若决江河，沛然莫之能御也。”故而，国家的兴盛，并非单纯取决于国民智力的提升，而更取决于其道德秩序的良好状态。在颉德看来，维持社会运转和道德秩序的正常，起最大作用的莫过于宗教信仰。在本章结尾，李提摩太将宗教信仰译为“天心”“天意”，强调天演之道势不可挡的客观性。

第十章是为总结，其中也论及“天演之道”和“敬天之道”。译者在本书中将道家、宋儒理学中的“天道”改写为永恒竞争的进化天演之道，而“敬天之道”特别指向基督教。又有：“凡专为一己谋者，不问其学问之如何深广，从未有无害于人者。故必有人焉，讲求天道，以期有益于众。盖凡善学天心者，必其有益于众，兼有益于己者也。泰西既遍地有礼拜堂，每阅七日，必有善士在堂，宣讲天道，以训众人，使人皆知舍己以救人。或疑善士将以爱众之心，无爱己之心也。”在这一段中，“爱己”即利己，“爱众”即利他，而“天道”和“天心”则为基督教教义。后文还有类似的表达：“天道如春气然。凡有益于人之事，皆可发荣滋长。人若不肯与善讲天道之士游，则如中寒气，虽唐花或供养于盆中，而不能使芳胜之自然生长也。且不体天道之人，但顾一身目前之事，而不顾后代之益，倘使尽人如此，则必道心泯没，不问天心何若。”

本书结尾，李提摩太总结道：“总而言之，天下有二理，断不可忘。此二理者，外观似相克也，而实则相生，故必使人有益而无损，一也；必使众人尽有益而无损，二也。第一端之理，虽为至要，但不能为一人受益之故，而任其有损于众人。”“使人有益而无损”，典出老子《道德经》第七十七章：“天之道损有余而补不足。人道则不然，损不足，奉有余。孰能有余以奉天下？其唯有道者。”在此处，译者将道家的“天道”改写为永恒竞争的进化天演之道以及“敬天”之道，即“基督教”。

颉德认为利他情感是宗教发展到一定程度的产物，在未来的社会，到进化的更高阶段时，个人和社会的冲突将会消失。这阶段被李提摩太称为“大同”。“利他”被李提摩太译为“公心”“普心”，“利己”则是“为己之私心”“偏心”。“为己之私心，不如体天为人之公心也。若欧洲执权之人，但皆专为己谋，此即如古世未受教化之希腊罗马诸国，专以权力逼人矣。是故世俗之学，有历代之长进，非专恃人之识见学问也。恃人之有道心，一也；道心从教法而生，二也；人既知为平等，彼此鼓励，益复前进，三也。”这三者在汉译本中看来较为含混。追查颉德的原文，再译成现代汉语则如是：①现在仍在进行中的社会进化过程，并非智识发展的结果，而是隐藏于西方文明背后的一种激励的力量，一种利他的情感在起作用；②宗教系统的直接或间接的产品，便是利他性格的发展、深化或软化，正是在这种宗教系统之上发展出了西方文明；③科学发展的重要结果是促进社会进化，所有人在同等条件下，都被卷入了一种绝对竞争的状态之中。这种竞争要求每个人要有高度的效率，至少要达到进化必须达到的高度[1]。汉译本将“利他情感”创造性地译作“道心”。李提摩太也说：“泰西教化之盛，开人智识，广人见闻，肇兴于四五百年前，惟以天道新民耳。”这里的“天道”，也是

[1]Benjamin Kidd, *Social Evolution*, New York: Macmillan and Co., and London, 1894, p. 199.

指基督教教义，而非中国传统经典中的“天道”观念。“新民”一词，采自“亦惟助王宅天命，作新民”（《尚书·康诰》），或“大学之道，在明明德，在新民，在止于至善”（《大学》）。“新民”在此处有教育人民、开发民智之意。前句是用基督教的“天道”（基督教的“providence”，也作“天命”）来“新民”，进而方能救世救人。后句则隐含了李氏阐明的理念，即进化与“新民”密切相关，这一点在梁启超那里有更多的发挥。李提摩太进一步指出：“幸有救世今教，设法以救众人，而俾各国皆有机会，以成有益于人之事。仁人之溥如此，开辟至今，莫与伦比。且又不但仁心之溥而已也，古往今来，更无有似此明效大验者。”此处的“救世今教”即指“基督教新教”（Protestantism）。李提摩太虽然借用了传统的语词，但其实借取的是基督教的改良作用，尤其是基督教中的“利他”（公心、道心）来改良民众，进而改良社会，达到大同之世。

颉德是一位颇具争议的学者，其理论遭后世学者诟病之处有二：一是过分强调宗教的益处；另一是过分强调白种人进化较先，有种族歧视之嫌。颉德武断地认为，早期人类从热带向温带再向寒带移动，影响到了进化。越是向北、向寒的地方移动的民族，进化越先进，所以寒带的白种人天生要胜过热带的黑人。颉德援引当时最新的人类学文章（来自*Journal of the Anthropological Institute*）时，提及18—19世纪的种族战争已常见于许多社会。他还援引当时著名历史学家克劳思（Laird Clowes，1856—1905年）的说法：“在地球南部的人类，其地位由其自出生始的黑人血统决定了。一个出生于这个地区的小孩，即使非常聪明、变得富有也被信任委以高职，然而他还是一直有其本源的可见标志。这些标志宣判了他永世处于社会的底层。……即使是一半、八分之一，甚至是十六分之一的非洲血统，都足够剥夺他所有与白人争夺社会平等的机会。”[1]用李提摩太的话来说，则变成：“近有白人言，黑人虽蒙优待，不下于白人，然较白人，实有天渊之判。特远推至上古之世，白人亦犹是黑人也。惟其能相争相胜也，故遂高出黑人。黑人惟其不知也，遂永无媲美白人之日。”这种赤裸裸的种族歧视，在原著和译著中都可以看到。白人天生便胜过黑人，而被定义为黄色人种的中国人则处于中间，可上可下。颉德陷入了一种先在决定论，一类东方主义式的话语，认为地理环境决定了这一切。故而，在第二章的结尾，他提及，英美等国的人远较东方之人勤奋是因为地理因素这一先决条件。“查英美等国之人，作事甚勤，东方之人，则似甚闲散也者，深维其故。始知居于寒地，即赤道迤北四十度以上者，皆矢业精于勤之意。五洲大事，遂大半归其掌握。东方人及居于赤道下者，精力较短，遂荒于嬉。若使二种人相争，大抵居寒地之人，必将较胜一筹。居于寒地者，英美等国是也。英美之人，虽求天下同享太平之福，而不得不留意于相争。既争矣，未受教化之人，必不能敌。”在颉德看来，这种种族优劣之论，是有地理环境依据的，因为向西、向北的人，原本生存的环境就较恶劣，因而一直有相争相胜之心。他认为：“相争相胜之心，即生人兴胜之至理。”关

[1] Benjamin Kidd, *Social Evolution*, New York: Macmillan and Co., and London, 1894, p. 53.

于英美人比东方人更加勤奋的观点，颉德援引了当时非常著名的经济学家阿尔弗雷德·马歇尔（Alfred Marshall，1842—1924）的论证。马歇尔认为，现时全世界各地的英美人（盎格鲁—撒克逊人种）工作非常勤奋，而且每年的工作量也远比其他人种要大得多。相关数据和论证出于马歇尔的著作《经济学原理》[1]。马歇尔教授为当时具有较大影响力的经济学家。他认为颉德《社会进化》一书，非常有趣、激动人心。因为此书，他与颉德结识，两人此后过从甚密。在《经济学原理》一书中，马歇尔教授将西方的发达、西方人的优胜，归因于他们从自然获得的一种独特的天赐（peculiar endowment）。持平而论，这是一种东方主义式的观念，既是地理环境的先决论，也因而是一种文化本质主义。

颉德参照了历史上的人类移动，从南至北、从温热到严寒移动的情况，非常僵化、武断地认为，早期人类之所以向北移动是因为有自然的原因，种族的进化与移动是同时进行的。而现在虽然温带、热带仍有许多种族，但他们都没有达到发展的最高程度。因而，要正视现在的各种问题，最核心的便是正确而勇敢地面对这种事实。这种地理决定论，未必被晚清中国读者接受，然而，落后的国家要面临残酷而绝对的竞争，则是燃眉急事。

[1] Alfred Marshall, *Principles of Economics,* London: Macmillan and Co., 1890, p. 730.

五、颉德对梁启超的影响

1984年，克鲁克在为颉德写的传记中写道：颉德的《西方文明的原理》一书在20世纪初期的中国颇受推崇，他被看作在西方科学和改革方面的重要思想家。克鲁克指出："颉德影响了毛泽东的早期导师梁启超。梁启超将颉德的著作称作'未来之光明'（a great light to the future）。"[1]此处克鲁克并无出注。笔者查证了梁氏著作，认为此说应该是来自1902年梁启超发表于《新民丛报》上的《进化论革命者颉德之学说》一文，对应的原文应是："求其独辟蹊径卓然成一家言，影响于世界人群之全体，为将来放一大光明者。"[2]当时，梁启超避难于日本横滨，从日本向中国输入新学说，这一年便向中国人介绍了颉德的学说。他用鼓动人心的笔调写道："颉德者何人也？进化论之传钵巨子，而亦进化论之革命健儿也。"[3]此后便介绍达尔文、斯宾塞等人的理论，并指出颉德的理论乃是"百尺竿头更进一步"，是最新的学术进展。

梁启超用颉德的理论反观中国时指出：中国的首要弊端在于没有竞争，因而没有进步。在1902年6月、7月连载于《新民丛报》第10号和第11号上面的《论进步》一文中，梁启超已经指出，中国的落后，是因为在社会进化上

---

[1]D. P. Crook, *Benjamin Kidd: Portrait of a Social Darwinist,* Cambridge: Cambridge University Press, 1984, p. 4.

[2]梁启超著，张品兴主编：《梁启超全集》（第2册），北京：北京出版社1999年版，第1026页。

[3]梁启超著，张品兴主编：《梁启超全集》（第2册），北京：北京出版社1999年版，第1026页。

落后于他国。在这篇文章的开头，他用一则寓言解释了“中国群治濡滞之状”，进而指出：“夫进化者，天地之公例也，譬之流水，性必就下，譬之抛物，势必向心，苟非有他人焉从而搏之，有他物焉从而吸之，则未有易其故常者。然而，吾中国之反于彼进化之大例而演出此凝滞之现象者，殆必有故。求得其故而讨论焉，则知病，而药于是乎在矣。”[1]中国的“群治”之所以凝滞不前，是因为社会的运行，与不断竞争、不断进化的第一原则相反。自秦代开始，“大一统而竞争绝也”，所以没有进步。梁氏进而相信：“竞争为进化之母，此义殆既成铁案矣。”[2]

当代日本学者森纪子在其《梁启超的佛学与日本》一文中指出：颉德的《社会进化》一书几乎同时于1899年在中国和日本译成出版，而梁启超在中国以及后来在1902年前后的日本，可能读到了相关译本，虽然后来他的文章中使用更多的是日译的词语[3]。此外，梁启超对颉德思想的受容有一定的选择。森纪子曾指出，梁启超已经认可了颉德的部分观点，具体包括了自我牺牲精神对于共同体的意义，或“死亡”对于共同体未来的意义等。但是，梁启超通过颉德还进一步接受了对西方文明发展过程的反思，以及对资本主义的批判。同一时段，梁氏在《新民说》中《论进步》《论公德》等几篇文章中，也表现出了

[1]梁启超著，张品兴主编：《梁启超全集》（第2册），北京：北京出版社1999年版，第683页。

[2]梁启超著，张品兴主编：《梁启超全集》（第2册），北京：北京出版社1999年版，第683页。

[3]森纪子：《梁启超的佛学与日本》，见狭间直树编：《梁启超·明治日本·西方——日本京都大学人文科学研究所共同研究报告》，北京：社会科学文献出版社2001年版，第184页。

对竞争、进化和利他等观念的推崇。更重要的是，梁氏在此阶段的“公德”论，与颉德的理论最为契合。在颉德那里，这个“公德”即为“利他精神”。正如汪晖在评论梁启超引介颉德的情况时指出：“为了适应‘进化’的法则，人类就必须‘节性’亦即抑制‘天然性’以养成‘公德’。因此，以‘牺牲个人现在之利益以谋社会全体未来之利益’的宗教倒是最符合自然淘汰的目的的。”[1]这些观念，其实全来自颉德。“天然性”，是颉德所说的“利己的”、自然的理性。“公德”，是李提摩太所译的“天心”“公心”——一种超乎自然、超乎理性的制裁之力，而到了梁启超那里，则变成用以新民和群治的“公德”。梁启超接受了颉德的“应用宗教”观念。颉德原本的观点，即基督教在社会进化中起了关键的作用，被梁启超做了一定程度的改造：将基督教替之以佛教。这也就能够解释，为何梁启超接受了颉德理念中的社会进化观念，而转向拥抱佛教，因为他使用的正是颉德“应用宗教”的方法。

梁启超改写颉德“应用宗教”的思想为“应用佛教”，正是看到了宗教有一种改变世道人心的力量。故而可发现，1902年梁启超引进颉德的思想时，还写了两篇论文，这有明显的思想轨迹可寻：一篇是在1902年11月的《新小说》杂志创刊号上发表的论文《论小说与群治之关系》，另一篇则是1902年12月发表于《新民丛报》杂志上的论文《论佛教与群治之关系》。在前一篇中，梁启超提出小说有四种“不可思议”（佛教语词）之力量，可用以

[1]汪晖著：《现代中国思想的兴起》下卷第一部《公理与反公理》，北京：生活·读书·新知三联书店2008年版，第977页。

移风易俗、改良群治。这些都是来自佛教的理念。而后面这篇则延续了其“应用佛教”的主张。事实上，给予他在这条“斯宾塞福音”的公式中将佛教代替基督教启示的，可能还有谭嗣同。梁氏后来的文章提到谭嗣同的遗著《仁学》是“应用佛学”。这部书的撰写和出版时间，正是在中日甲午战争之后，与《大同学》的翻译出版是同步的。两者将宗教看作是可以作用于社会人生的观点，有某种程度上的重合。梁启超的《清代学术概论》点评：“《仁学》之作，欲将科学、哲学、宗教冶为一炉，而更使适于人生之用……又用今文学家‘太平’‘大同’之义，以为‘世法’之极轨，而通之于佛学。”[1]颉德是以基督教为旨归，而谭、梁则走向佛学。相同之处则在于他们都取宗教的应用面向。1902年的梁氏，接受颉德和谭嗣同两者的思想，互为表里，杂糅成一种新的理念。尽管颉德本人并没有用到“未来主义”（futurism）一词，但学者已发现，梁启超很明显地从颉德的著作中读出来了这层意思[2]。由此，梁氏指出当下中国社会急需一套新道德，需要借助宗教之力以推动道德革命。返观对照可以发现，梁启超在这时段强调的种族主义、竞争、爱国、公德（出自《新民说》）等等意涵，几乎都可从颉德那里找到思想的源头。当然，这背后的民族主义诉求，也是时代使然。同样，也无怪乎颉德因其种族论，在当时被人推崇，而后被人诟病，最终几乎被人完全遗忘。

---

[1]梁启超著：《清代学术概论》，上海：上海古籍出版社1998年版，第91—92页。

[2]浦嘉珉著，钟永强译：《中国与达尔文》，南京：江苏人民出版社2008年版，第285页。

大同学

[英]颉德　原著
[英]李提摩太　蔡尔康　合译
姚达兑　校注

社会学家本雅明·颉德（Benjamin Kidd，摄于1898年）[1]

[1]图片来源：Sociologist Benjamin Kidd, *The Critic*, 1898, 29（25）, p. 413.

李提摩太（Timothy Richard）

西歷一千八百九十九年

上海廣學會校刊

大同學

光緒二十五年歲次己亥

初次開印計二千本

李提摩太、蔡尔康合译：《大同学》，上海：广学会，1899年5月（光绪二十五年，岁次己亥，初次开印计两千本）。

译自Benjamin Kidd, *Social Evolution*, New York: Macmillan and Co., and London，1894.（哈佛燕京图书馆藏本）

大同學節譯本自序

英國文教蔚興。多士殫心著述。每歲印行書籍。恒以五六千種。計。其中覆印舊作。約僅一千餘種。初印新編。乃四千餘。美法德諸國。亦多崇尚學業。歲出書籍。與英國不相上下。特綜而衡之。一切新書。大都新印之時。購者絡繹。及其售罄。卽似滅跡銷聲。盞方之精薪。後來居上。前作味同嚼蠟。無取乎陳陳相因也。然其中必有數種要書。大有裨於人世。卽至流傳日久。人仍以先睹爲快。問諸書肆。幾似通行之典籍。印售者自層出不窮。英國器德先生所著之大同學。由此其選也。先生熟精會計。任事於英國統計之學。教天下萬事之統數。昭晰無遺。著之於書。信而

大同學　自序　一

《大同学》之李提摩太自序页书影

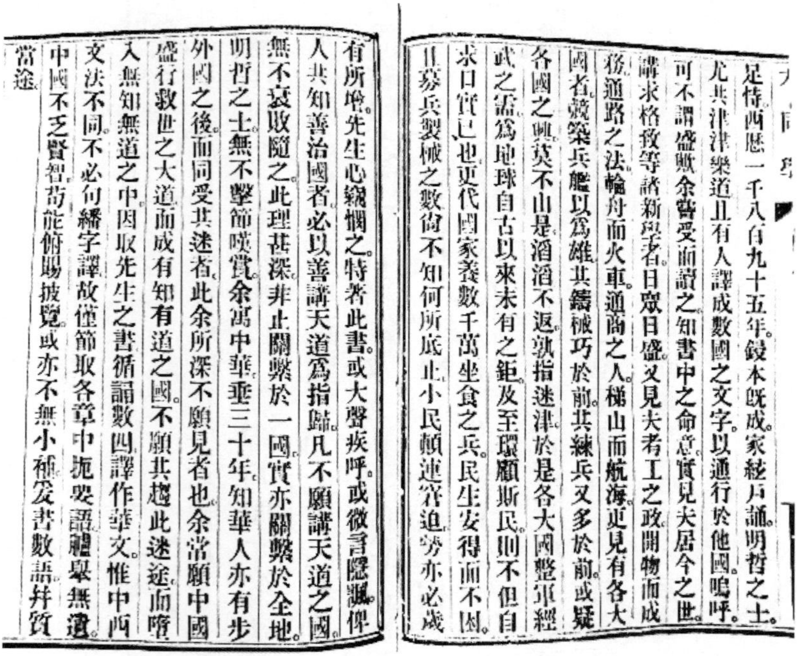
足恃。西歷一千八百九十五年。鋟本既成。家絃戶誦。明哲之士。
尤其津津樂道。且有人譯成數國之文字。以通行於他國。嗚呼。
可不謂盛歟。余嘗受而讀之。知書中之命意。實見夫居今之世。
講求格致等諸新學者。日寖日盛。又見夫考工之政。開物而成
務。通路之法。輪舟而火車。通商之人。梯山而航海。更見有各大
國者。競築兵艦以爲雄。其鑄械巧於前。其練兵又多於前。或疑
各國之興。莫不由是。滔滔不返。孰指迷津。於是各大國整軍經
武之端。爲地球自古以來未有之鉅。及至環顧斯民。則不但自
求口實已也。更代國家養數千萬坐食之兵。民生安得而不困。
且募兵製械之數。尚不知何所底止。小民顛連窘迫。勞亦必歲
有所增。先生心竊憫之。特著此書。或大聲疾呼。或微言隱諷。俾
人共知善治國者。必以善講天道爲指歸。凡不願講天道之國。
無不衰敗隨之。此理甚深。非止關繫於一國。實亦關繫於全地。
明哲之士。無不擊節嘆賞。余寓中華垂三十年。知華人亦有步
外國之後。而同受其迷者。此余所深不願見者也。余常願中國
盛行救世之大道。而成有知有道之國。不願其趨此迷途。而嚌
入無知無道之中。因取先生之書。循誦數四。譯作華文。惟中西
文法不同。不必句繙字譯。故僅節取各章中扼要語。體舉無遺。
中國不乏賢智。苟能俯賜披覽。或亦不無小補。爰書數語并質
當途。

《大同学》书影

李
提
摩
太

A FACSIMILE OF DR RICHARD'S
CHINESE VISITING-CARD

李提摩太名刺，出自苏惠廉著《李提摩太在中国》封底[1]

[1] Soothill, William Edward, *Timothy Richard of China: Seer, Statesman, Missionary & the Most Disinterested Adviser the Chinese Ever Had*, 1926. 这张名刺印于该书的封底页。

SOCIAL EVOLUTION

BY

BENJAMIN KIDD

NEW EDITION WITH A NEW PREFACE

New York
MACMILLAN AND CO.
AND LONDON
1895

颉德《社会进化》一书于1894年11月出版。这是1895年第五次印刷版的书影，附有新版序言

PRINCIPLES

OF

WESTERN CIVILISATION

BY

BENJAMIN KIDD

AUTHOR OF 'SOCIAL EVOLUTION'

London

MACMILLAN AND CO., LIMITED

NEW YORK: THE MACMILLAN COMPANY

1902

All rights reserved

颉德1902年出版的《西方文明的原理》一书书影

大同學第二章　論進境　　英國 李提摩太譯　上海蔡爾康芝紱撰文

人之所以異於禽獸者。無他能求日進無疆而已矣。原夫上天造物之始。禽獸與人。同爲動物之一類。惟人賦靈於萬物用能日進無疆。不特超出於羽毛鱗介諸蟲。更裒然爲倮蟲之長。且究其秀靈之所鍾。能各就其土地。聯合而自成爲國。且有君以宣其化。有民以承其流。民之從君。一如士卒之從將帥。號令既出。莫之敢違。

人爲萬物之靈。不第明君民之分際已也。盈天地間。皆氣也。而人能一一畧知之。有化學家出。更能審其質而標其名。分其類而知其用。甚至電氣之屬。供人驅使。不啻主之役僕。夫氣。其至虛而無形者也。其至微而無定者也。天地之大權。乃旁落於人中。人不幾與神同其智能哉。

或問。人亦一物耳。而竟能登峯造極者。何也。曰。人之由蔽而明。一如國之由衰而興。就其淺近者言之。人如飲食合宜。則充實壯健。否則病且死。有定理焉。惟國亦然。行大益事。則興。若緣不明之故。而行大損之事。亡也忽焉。

昔有達文者。善能考察萬物生長變化之理。盛名鼎鼎。然究其始。則實因考察各國之衰興成敗。而推其理於萬物者也。於此有人焉。從由萬物生長變化之理。而推諸治國。因遂遍溯各國歷代日進無疆之成跡。豈非絕妙之事。而無如明此理者之絕少也。

颉德原著，李提摩太、蔡尔康合译：《大同学》第二章《论进境》，《万国公报》，1899年第122期

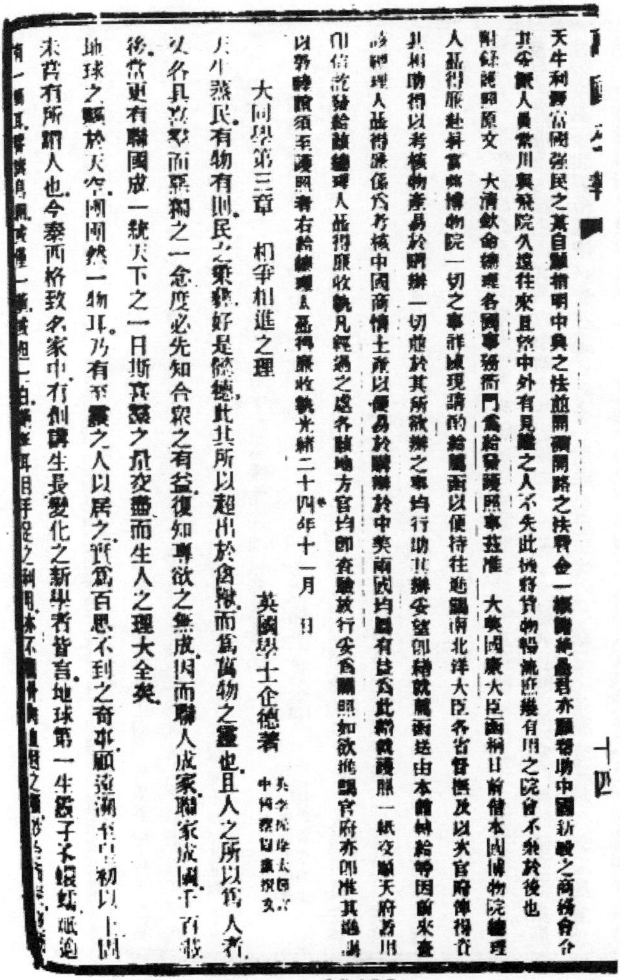
萬國公報　十四

天下利[illegible]富國强民之[illegible]自[illegible]倡明中興之[illegible]並開[illegible]商路之扶[illegible]會一[illegible]亦願贊助中國新政之商務會介

其[illegible]人員常川與議院久遠往來且於中外有見識之人不失此機將貨物暢流庶幾有用之院會不棄於後也

附錄護照原文　大清欽命總理各國事務衙門爲給發護照事茲准　大英國康大臣函稱日前借本國博物院總理

人[illegible]得[illegible]赴[illegible]博物院一切之事詳[illegible]現請酌給護照以便持往遊歷南北洋大臣各省督撫及以大官府俾得查

其相助得以考核物產易於購辦一切並於其所欲辦之事均行助其辦妥望即繕就護照送由本館轉給等因前來查

該總理人[illegible]得[illegible]係爲考核中國商情土產以便易於購辦於中英兩國均屬有益爲此繕就護照一紙交[illegible]天府[illegible]用

印信並發給該總理人[illegible]得[illegible]收執凡經過之處各該地方官均即查驗放行妥爲關照如欲[illegible]官府亦即准其[illegible]

以[illegible]時[illegible]須至護照者右給總理人[illegible]得[illegible]收執光緒二十四年十一月　日

大同學第三章　相爭相進之理　英國學士企德著　英李提摩太譯 中國蔡爾康撰文

天生蒸民，有物有則。民之秉彝，好是懿德。此其所以超出於禽獸而爲萬物之靈也。且人之所以爲人者，以各具靈明而無獨之一念，度必先知合衆之有益，復知專欲之無成，因而聯人成家，聯家成國，千百載後，當更有聯國成一統天下之一日，斯真靈之飛變，盡而生人之理大全矣。

地球之懸於天空，固固然一物耳，乃有至靈之人以居之，實爲百思不到之奇事。顧溯[illegible]初，以上[illegible]未嘗有所謂人也。今泰西格致名家中，有創講生長變化之新學者，皆言地球第一生微子[illegible]蝦蟆[illegible]追

有一[illegible]耳[illegible]

18422

颉德原著，李提摩太、蔡尔康合译：《大同学》第三章《相争相进之理》，《万国公报》，1899年第123期

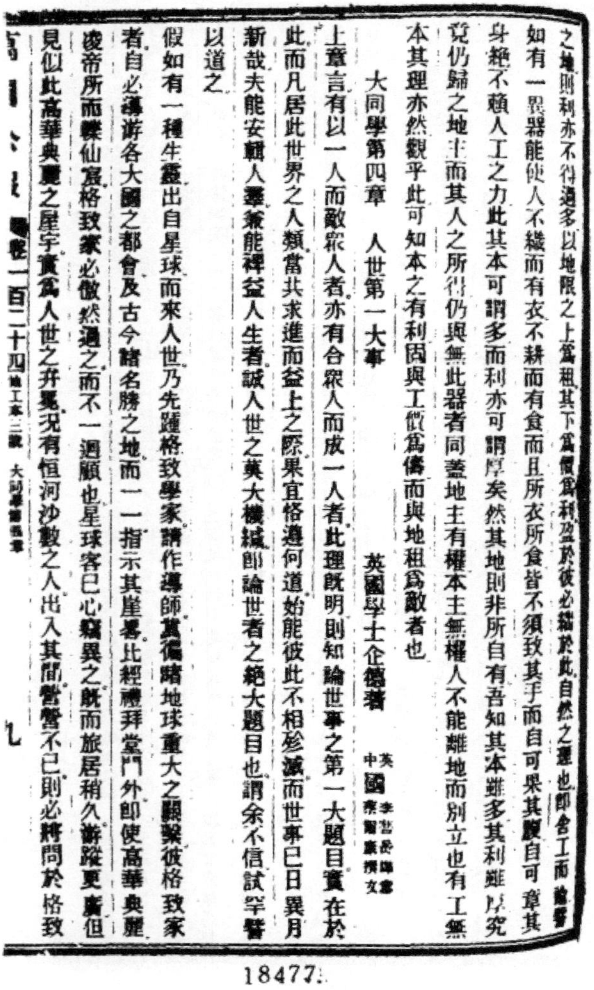

之地則利亦不得過多以地限之上爲租其下爲價爲利盈於彼必縮於此自然之理也卽含工而論譬如有一異器能使人不織而有衣不耕而有食而且所衣所食皆不須致其手而自可果其腹自可章其身絕不賴人工之力此其本可謂多而利亦可謂厚矣然其地則非所自有吾知其本雖多其利雖厚究竟仍歸之地主而其人之所得仍與無此器者同蓋地主有權本主無權人不能離地而別立也有工無本其理亦然觀乎此可知本之有利因與工價爲儔而與地租爲敵者也

大同學第四章　人世第一大事　英國學士企德著　英國李提摩太譯意 中國蔡爾康撰文

上章言有以一人而敵衆人者亦有合衆人而成一人者此理既明則知論世事之第一大題目實在於此而凡居此世界之人類當共求進而益上之際果宜恪遵何道始能彼此不相殄滅而世事已日異月新哉夫能安輯人羣兼能裨益人生者誠人世之莫大機緘卽論世者之絕大題目也謂余不信試舉譬以道之

假如有一種牛靈出自星球而來人世乃先蹱格致學家請作導師冀偏睹地球重大之顯跡彼格致家者自必導游各大國之都會及古今諸名勝之地而一一指示其崖略比經禮拜堂門外卽使高華典麗淩帝所而轢仙宸格致家必傲然過之而不一迴顧也星球客已心竊異之旣而旅居稍久游蹤更廣但見似此高華典麗之屋宇實爲人世之弁冕況有恒河沙數之人出入其間營營不已則必轉問於格致

萬國公報　卷一百二十四　論工本三數　大同學第四章　九

18477

颉德原著，李提摩太、蔡尔康合译：《大同学》第四章《人世第一大事》，《万国公报》，1899年第124期

自序

英国文教蔚兴，多士殚心[1]著述，每岁印行书籍，恒以五六千种计。其中覆印[2]旧作，约仅一千余种，初印新编乃四千余。美、法、德诸国，亦多崇尚学业，岁出书籍，与英国不相上下。特综而衡之，一切新书，大都新印之时，购者络绎[3]。及其售罄，即似灭迹销声。盖方之积薪，后来居上。前作味同嚼蜡[4]，无取乎？陈陈相因也！然其中必有数种要书，大有裨于人世，即至流传日久，人仍以先睹为快。问诸书肆，几似通行之典籍，印售者自层出不穷。

英国器德先生所著之《大同学》[5]，由此其选也。先生熟精会计，任事于英国统计之学[6]。教天下万事之统数，昭晰无遗。著之于书，信而足恃。西历

---

[1]殚心，即竭尽心力。

[2]覆印，即重印。

[3]络绎，即连续不断、往来不绝。此处形容购书之人络绎不绝。

[4]味同嚼蜡，此处形容著作乏味之极。

[5]器德，即Benjamin Kidd（1858—1916），又译颉德（本书选用取名）、企德、基德，英国社会学学者。

[6]颉德在获得大名、其书盛行世界之前，曾为英政府公务员，精通数学、会计等。

一千八百九十五年，锓本[1]既成，家弦户诵。明哲之士[2]尤共津津乐道。且有人译成数国之文字，以通行于他国。呜呼，可不谓盛欤！

余尝受而读之，知书中之命意实见夫居今之世，而讲求格致[3]等诸新学者日众日盛。又见夫考工[4]之政，开物而成务；通路之法，轮舟而火车；通商之人，梯山而航海[5]。更见有各大国者，竞筑兵舰以为雄，其铸械巧于前，其练兵又多于前。或疑各国之兴，莫不由是，滔滔不返，孰指迷津。于是，各大国整军经武之需，为地球自古以来未有之巨。及至环顾斯民，则不但自求口实已也，更代国家养数千万坐食之兵，民生安得而不困。且募兵制械之数，尚不知何所底止[6]。小民颠连[7]窘迫，势亦必岁有所增。先生心窃悯之，特著此书，或大声疾呼，或微言隐

[1]锓本，刻本，即出版。锓，即雕刻。锓版，即刻版。

[2]明哲之士，即明智睿哲、通情达理之人。

[3]格致，即“格物致知”的缩略语，意为考察事物的原理法则而总结为理性的知识。《礼记·大学》：“致知在格物，物格而后知至。”“格物致知”为宋代以降的新儒学者的常用词。明清来华传教士因为要与新儒性理之学争胜，故而也往往用上“格致”一词，然而其义所指是欧洲的“科学”，尤其是物理、化学等自然科学。

[4]考工，即考核、监督、指导工业/工匠（以及相关制度）的工作。战国时齐国有官书《考工记》，便记述了官营手工业的各种规范、工艺标准和工人的劳动制度。清末陆军部的海军处还设有“考工官”一职。

[5]梯山而航海，即梯山航海、长途跋涉、登山渡海。《宋书·明帝纪》：“日月所照，梯山航海；风雨所均，削衽袭带。”

[6]底止，即终止。《诗经·小雅·祈父》：“胡转予于恤，靡所底止？”

[7]颠连，即困苦、困顿不堪。

讽[1]，俾人共知善治国者，必以善讲天道[2]为指归。凡不顾讲天道之国，无不衰败随之。此理甚深，非止关系于一国，实亦关系于全地[3]。明哲之士无不击节叹赏。

余寓中华垂三十年[4]，知华人亦有步外国之后，而同受其迷者。此余所深不愿见者也。余常愿中国盛行救世之大道，而成有知、有道之国，不愿共趋此迷途，而堕入无知、无道之中。因取先生之书，循诵数四，译作华文。惟中西文法不同，不必句翻字译[5]。故仅节取各章中扼要语，胪举[6]无遗。中国不乏贤智，苟能俯赐披览，或亦不无小补。爰书数语，并质当途[7]。

西历一千八百九十九年五月

---

[1]微言隐讽，即隐微不显、委婉讽谏的言辞。

[2]天道，即天理、天意。此处李提摩太用此词，对应的英语词是“Providence”（天道、天意、天命、神、上帝）。然而，在清末语境中，在一般知识分子的知识谱系中，此词指向的是宋明以降的新儒学。这正是李提摩太高明之处。他将宋儒的“天道”转为基督教的“天道”。这一点，需要笔述者蔡尔康的相助，才得以完成。

[3]全地，即英语中的“All Lands”，指“全地球”（即是和合本《圣经》中的“普天下”）。美国传教士林乐知（Young John Allen，1836—1907）在其译《全地五大洲女俗通考》例言中解释他之所以用“全地”一词，是因为他要表达的不局限于“五洲中之万国”，而是“全地球……”。林乐知、任廷旭译：《全地五大洲女俗通考》，上海：华美书局1903年版。

[4]李提摩太1870年来到中国，初到上海，后至山东烟台等地传教。距离初至来华之时，近三十年。

[5]句翻字译，即一字一句地翻译。

[6]胪举，即列举。

[7]当途，即当途者，指掌握政权的人。宋司马光《资治通鉴》：“卿今当涂掌事，不可不学。”

英国　李提摩太菩岳氏[1]

序于广学会[2]之寓楼

[1]李提摩太（Timothy Richard，1845—1919），字菩岳，英国传教士，受派于大英浸信会。在中国开辟了山东、山西和陕西三个传教区。菩岳，是李提摩太的字，也是其自定的氏。古人以姓氏分开称呼。《通志·略·氏族》："男子称氏,妇人称姓。氏所以别贵贱,贵者有氏。贱者有名无氏。"李提摩太取其姓"Richard"简译为"李"，"提摩太"是"Timothy"的音译。他有时也自称"菩岳"，以"李菩岳"发表了一些文章。

[2]广学会，是英美基督教新教传教士和外交人员、商人等于1887年在中国上海创立的出版机构。前身为1834年英美传教士在广州创立的实用知识传播会和1884年在上海设立的同文书会。1892年始称广学会，含有"以西国之新学广中国之旧学"之意，其旨在宣扬西学（不限于基督教文化），以影响中国的社会改良。当时任中国海关总税务司的英国人赫德（Robert Hart，1835—1911）为第一任董事长，韦廉臣（Alexander Williamson，1829—1890）、李提摩太等先后任总干事，重要的成员还有一些基督教传教士如慕维廉（William Muirhead，1822—1900）、林乐知（Young John Allen，1836—1907）、艾约瑟（Joseph Edkins，1823—1905年）、丁韪良（W. A. P. Martin，1827—1916）、李佳白（Gilbert Reid，1857—1927）等等。广学会曾在北京、沈阳、天津、西安、南京和烟台等地设立分支机构。该会编译出版大量书刊。历年所出宣传神学及政法、史地、实业、理化等书有2000多种，所出报刊有《万国公报》《中西教会报》《女星》等。广学会着意鼓吹改良主义，在晚清对维新派士大夫颇有影响。

目　录

第一章　今世景象

大圜[1]之下，乌飞兔走[2]而成旦暮，扇凉炉暖而成冬夏。历旦暮冬夏之所积，飘瞥[3]而逮于今世，其关系之重且巨，竟为百世之所未有。明哲之士，类能知之，且类能言之。或更创为高论曰：自今以往，将别成一新世界[4]。不佞[5]独居深念，兼博考通人[6]之撰述，窃莫折衷至当，奉为治理今世之准绳[7]。不谓十九周中（泰西以耶稣降世后每百年为一周。就华历言，自中国嘉庆初年以迄于今，

---

[1]大圜，亦作“大圆”，即天。战国吕不韦《吕氏春秋·序意》：“爰有大圜在上，大矩在下。”高诱注有“圜，天也；矩，方，地也”。

[2]乌飞兔走，“乌”为金乌，即是太阳；“兔”为玉兔，即为月亮。此处形容日月轮转，光阴迅速流逝。

[3]飘瞥，即迅速飘落、飘过。

[4]与此句对应的是原书第一章第一段的意思。原作者指出，西方文明已经进化到了一个临界点，自此我们便进入了一个新时代（a new era）。这种腔调，自然而然地能唤起处于世纪末的读者，对新千禧年那种新天新地的期盼。

[5]不佞，即无口才，是为谦称，犹言“不才”。春秋左丘明《左传·昭公二十五年》有“不佞不能与二三子同心，而以为皆有罪”。

[6]通人，即学识渊博、贯古通今的人。

[7]准绳，即原则或标准。

是为第十九周）[1]分讲格致诸学以专门名家显者，所在多有。更有讲生长变化之新学者，析理之精，旷代亦鲜出其右。及进而究“大同”（二字出《礼记·礼运》篇，盖禹、汤、文、武、成王、周公之治，犹仅“小康”耳）[2]之理，纵使名流接踵，多冥心屏气而不之道[3]。其偶有道及之一二人，亦复凌躐[4]失序、杂乱无章，不亦大可异欤？

英国才人施本思（或译作“斯宾塞尔”）[5]，善谈名

---

[1]十九周，即19世纪。括号为整理者所加，括号内内容原来为小字夹注，下文也一样，不再另外出注。泰西，即“大西”，指西方各国。明末来华的意大利传教士艾儒略（Julio Aleni, 1582—1649）曾著有一部利玛窦传，为《大西西泰利先生行迹》，见艾儒略著，叶农点校整理：《艾儒略汉文著述全集》，澳门：澳门文化艺术学会2012年版，第223—232页。就“华历”（中国传统历法）而言，19世纪开始正是“嘉庆初年”。嘉庆元年，为1796年。下面段落，还有注明“第十八周”等语，也可同理看待，不另出注。

[2]大同与小康，两者是中国传统理想社会的两个阶段。两词皆出自《礼记·礼运》：“大道之行也，天下为公，选贤与能，讲信修睦，故人不独亲其亲，不独子其子，使老有所终，壮有所用，幼有所长，矜寡孤独废疾者皆有所养，男有分，女有归，货恶其弃于地也，不必藏于己，力恶其不出于身也，不必为己，是故谋闭而不兴，盗窃乱贼而不作，故外户而不闭。是谓大同。今大道既隐，天下为家，各亲其亲，各子其子，货力为己；大人世及以为礼，域郭沟池以为固，礼义以为纪，以正君臣，以笃父子，以睦兄弟，以和夫妇，以设制度，以立田里，以贤勇知，以功为己。故谋用是作，而兵由此起。禹、汤、文、武、成王、周公，由此其选也。此六君子者，未有不谨于礼者也。以著其义，以考其信，著有过，刑仁讲让，示民有常。如有不由此者，在执者去，众以为殃。是谓小康。”“大同”是最高的理想社会。古代较为良好的社会，如禹、汤、文、武、成王、周公等圣王所治理下的国家，还只能算是“小康”，还未达到大同。

[3]原文如此。此处疑有脱漏之字。

[4]凌躐，超出寻常顺序。

[5]施本思，或译作“斯宾塞尔”或“斯宾塞”，原名Herbert Spencer（1820—1903），英国哲学家，被誉为“社会进化论之父”。斯宾塞将社会当成一个有机体，把“适者生存”这一进化理论，应用到了社会学中，以不断进步观念解释社会的发展过程。这一派的理论，在19世纪至20世纪初影响颇巨。

理，曾著《万理合贯》[1]一书。高筑选楼[2]者，评之为今世要典之一间。尝受而读之，喜其能举消长变化之学。推诸万学，乃万学之冠，有如《大同学》者，竟未能明言其理，岂不可惜。德人某，施本思之高足弟子也[3]，甚欲

[1]《万理合贯》一书，应是指斯宾塞所著的《综合哲学提纲》（*A System of Synthetic Philosophy*）一书，自1862年至1896年间陆续在伦敦出版，包括《第一原理》、《生物学原理》（上下卷）、《心理学原理》（上下卷）、《社会学研究》、《伦理学原理》和《社会学原理》（三卷），共有十卷之多。这是一种普遍进化论，有两大类观点，一是社会有机体论，二是社会进化论。该书被严复译为《天人会通论》。赫胥黎著，严复译：《天演论》，北京：商务印书馆1981年版，第4—5页。“斯宾塞尔者，与达同时，亦本天演著《天人会通论》，举天、地、人、形气、心性、动植之事而一贯之，其说尤为精辟宏富。其第一书开宗明义，集格致之大成，以发明天演之旨；第二书以天演言生学；第三书以天演言性灵；第四书以天演言群理；最后第五书，乃考道德之本源，明政教之条贯，而以保种进化之公例要术终焉。呜乎！欧洲自有生民以来，无此作也。”本书原文第2页中也提及，斯宾塞这套书“虽然未完成，但已是我们时代的一大里程碑式的作品”。

[2]选楼，南朝梁昭明太子萧统建有文选楼，此为略称。萧统编有《昭明文选》，是现存最早的一部诗文总集。高筑选楼，犹言持以评断的标准非常之高。

[3]这位德国人是指舍夫勒（Albert Schäffle，1831—1903），社会学家、政治经济学家、报纸编辑，1868年任维也纳大学政治经济学教授，1871年在霍恩瓦尔特伯爵内阁中任奥地利商业部长。舍夫勒宣扬工团社会主义，把国家对自由竞争的一切干预都叫作“社会主义”。他阐发了社会学中的有机体理论，认为社会的生活和机构同人的机体相类似；试图把生物规律转用于社会和国家，把自然科学和社会科学加以有机的综合；主张从社会出发来研究个人。他还以“系统”一词来代替有机体，并开创性地把纳税学和财政学问题以及政治问题置于整个社会联系中加以研究，要求公共团体的预算在经济发展的循环过程中保持平衡。著有《国民经济》《资本和社会主义》《社会主义的精华》《社会本体的构造和生活》《社会学概要》。

在本书原文中，作者颉德指出，斯宾塞的观念分别得到赞同和反对，跟随者是德国人舍夫勒，认为人类的未来将属于“净化的社会主义”（Purified Socialism），而反对者即是下文提及的英国人胡思礼（即赫胥黎），在其著作中，致力于减少个人主义与社会主义的冲突，将一切看作是一种有机的组成。颉德还认为，这些观念是一种破坏性的评论（destructive criticism），因为两位论者都没有能指出在现时的处境下人类的责任在哪里。他们都将读者赶上了一条没有信仰和希望指导之路。

讲大同之学，以弥其师之缺憾，然亦未能妥洽[1]。至于英士胡思礼[2]，实为英国格致家之领袖，尝畅论今世安民之法[3]，不料流于谬妄，竟如俄国之伲尔俐党人[4]，尤为通儒[5]所齿冷。更回溯至十八周之世（西历一千七百一年以后，当中国康熙中叶至嘉庆初元，是为第十八周），法国有喇飞雷[6]者，恒语人曰："居今之世，人必以自主为君，断不可再为暴虐世界之奴隶。"[7] 此语流传至今日，

---

[1]妥洽，即稳妥合适。鲁迅《〈华盖集〉题记》有："立论都公允妥洽，平正通达。"

[2]胡思礼，现译赫胥黎（Thomas Henry Huxley，1825—1895）。其著*Evolution and Ethics and other Essays*直译为《进化论与伦理学》，原是1893年在牛津大学的一系列演讲稿编辑而成的著作。1896年严复将其译为《天演论》，用以宣扬"物竞天择，适者生存"的观点。《天演论》最早是于1897年12月在天津的《国闻汇编》上刊出，1898年4月出版单行本。该书在晚清的影响极大。下文"英国格致家之领袖"，是指赫胥黎曾任英国皇家学会主席。赫胥黎自称是达尔文的斗牛犬（Darwin's Bulldog），为达尔文主义的忠诚的辩护者。1860年在牛津大学，赫胥黎及其同侪，曾与英国圣公会主教进行了数次关于进化论的辩论。以本书作者颉德的卫道立场看，他指责赫胥黎"流于谬妄"，也是合情合理。

[3]安民之法，安定人民生活，安抚人民。《尚书·皋陶谟》："在知人，在安民。"孔颖达疏："在于能安下民。"此处以及下文的"安民之法"，是指向宗教。在赫胥黎提及的内容里，是指维持社会安稳的一套价值理念，在当时也是指宗教。

[4]伲尔俐党人，应是"Nihilist"（虚无主义者），指俄国的"虚无党人"，即无政府主义者、虚无思想者。

[5]通儒，原指博古通今，学识渊源的儒者，这里是指博学的学者。

[6]喇飞雷，应是指拉法耶特侯爵（Gilbert du Motier, Marquis de Lafayette，1757—1834），法国贵族，参与过美国独立战争和法国大革命。美国总统华盛顿将其收为养子。1789年7月11日，拉法耶特在杰弗逊（Thomas Jefferson，1743—1826，后来的美国第三任总统）的襄助下，起草了《人权宣言》（*Declaration of the Rights of Man and of the Citizen*）。他主张废除奴隶贸易、黑人享受平等的人权。他还倡议出版自由、公开宣传信仰的自由。

[7]原文为：Thou shalt cease to be the slave of nobles and despots who oppress thee; thou art free and sovereign. 可译为：汝不应再做贵人或压迫者之奴隶，因汝乃自由而独立。

人共知以“自主”为君，其妙不可思议。然而槁饿[1]而死者，即此君也则将若之何。

民为邦本[2]，古有明训。乃不能糊口者，偏屡见于民之中。此所谓本实先拔，枝叶未有不受其害者也。美人哲而治[3]有言：“试问今日之君相，有真能得安民之良法者乎？”藉曰：“自以为既得矣，乃起视斯民，仍终其身于困苦之中。所谓安者何在？”哲而治又曰：“民皆平等，宜共操举官之权”[4]。意非不善也，特举官以治民，而治民之官，仍任民间有豪富之一流，又有赤贫之一类，是殆举三角形之物，而强令一角之植立于地也，颠仆[5]之祸，

[1]槁饿，即穷困饥饿。

[2]此句出自《尚书·五子之歌》：“皇祖有训，民可近不可下。民惟邦本，本固邦宁。”

[3]哲而治，下文又作“爵而治”，即亨利·乔治（Henry George，1839—1897年），现代土地制度改革运动人物，出生于美国费城海关税务员家庭，12岁辍学，在“印度”号商船上当水手，19岁前往加州淘金，进入《旧金山时报》（*San Francisco Times*）当排字工人，开始研究中国苦力的问题。他于1879年，出版了《进步与贫穷》（*Progress and Poverty*）一书，一时声名大噪。除此书外，还著有《土地问题》（*The Land Question*，1881年）、《社会问题》（*Social Problem*，1883年）、《土地财产权》（*Poverty in Land*，1884年）、《保护主义抑或自由贸易》（*Protection or Free Trade*，1886年）、《劳动的条件》（*The Condition of Labor*，1891年）、《尴尬的哲学家》（*A Perplexed Philosopher*，1892年）和《政治经济科学》（*The Science of Political Economy*，1898年）等书。孙中山1912年10月14—16日在上海中国社会党的演说有“美人有卓尔·基亨利（Henry George）者，……曾著一书，名为《进步与贫困》，其意以为世界愈文明，人类愈贫困，著于经济学均分之不当，主张土地公有。其说风行一时，为各国学者所赞同。其发阐地税法之理由，尤其为精确，遂发生单税社会主义一说”。见中国社会科学院近代史研究所、民国史研究室等编：《孙中山全集》（第2卷），北京：中华书局2011年版，第513—514页。

[4]举官之权，即选举权。这里是说：人人生而平等，都享有选举权。

[5]颠仆，即灭亡、死亡。《后汉书·李固传》：“但以爵位尊显，专总权柄，天道恶盈，不知自损，故至颠仆。”

傀焉如不终日[1]矣。英又有士提反[2]者，著书立说，亦甚擅名[3]于时。其言曰："今之讲学家，分门别户，各具专精之诣力，乃安民善学独置不讲，是举其细而遗其大也。至若强作解事，作总挈语，实则含胡笼统、不关痛痒，徒装门面，庸有济[4]乎？"

十八周之季，法国改革制度[5]，夺世家上品之权，以予中品之绅富。其后，更遍分于下品之编氓[6]，比户皆得举官[7]，民心大餍[8]。相沿至十九周，欧洲诸国大半仿行。于是士人之旦夕营求者，不在宰制之权，而在格致之学。精诚所注，金石为开。故虽新法之经其创获者，曾不

[1]傀，即苟且、不整齐。傀焉如不终日，出自《礼记·表记》："君子不以一日使其躬傀焉，如不终日。""傀"字，郑玄有注："可轻贱之貌也。"

[2]士提反，即Leslie Stephen（1832—1904），英国著名历史学家、作家兼批评家。下文所引这一句是出自他1892年3月在社会和政治教育联合会（The Social and Political Education League）的年会上所做的主席演讲（Presidential address）。当时他任这个联合会的主席。Leslie Stephen的两个女儿非常著名。长女Vanessa Bell（1879—1961），是一名设计家、画家。另一位女儿是弗吉尼亚·伍尔芙（Virginia Woolf，1882—1941），是一位作家、批评家，现代主义意识流派的代表人物之一。这两位女士，都是著名文人团体布鲁姆斯伯里（Bloomsbury）的成员。

[3]擅名，享有名声。《晏子春秋·问上第三》："是上独擅名，而利下流也。"

[4]济，裨益、补益。有济，即有济于事。

[5]制度，应是指18世纪末的法国大革命。此次革命有法国各阶层的广泛参与，以巴黎市民攻陷巴士底狱为标志，推翻了君主制，建立了法兰西第一共和国。绝对君主制和封建制度被推翻之后，以自由、平等、博爱等原则建立起了新政府和新社会。然而，因为其实现过程充满了暴力和伤亡，故而在19世纪的许多学者眼里，这次革命的历史意义也毁誉参半。

[6]编氓，编入户籍的平民。宋庄季裕《鸡肋编》卷中有"方今财用窘匮，将天下官户赋役同于编氓，此急务也"。

[7]比户皆得举官，即"universal suffrage"，全民皆有选举之权。

[8]餍，即餍足、满足。

过千百之一二，而一切工艺兴也浡[1]焉。第就制成大机器而言，已宏开草昧经纶[2]之局，是故皇古[3]无论矣。百年以前，五洲暌隔[4]，寂寞荒寒，西被东渐[5]，徒传虚语。今则轮声帆影，陆詟水栗[6]，无远弗届，有感斯通。而且电线之长，以一京五兆[7]里计，传消递息，万国比邻，利便斯民，莫可伦比。特是民生虽便，民力已殚，茅檐蔀屋[8]之中，竟求更定安民之善法。爰有人言，今世金银气重，压损愁眉。有财者富驾侯王，罔知餍足。无财者贫如乞丐，莫可告哀。且也乡闾务农之人，日见其少。城市佣工之子，日见其多。究之居肆以成事者，巧虽恃乎机器，力终出于工人。相彼百工，乃仅可糊其一口乎？且夫机器与人力并兴，固世之所藉以生利者也。豪富之家，安坐而享其成，特所谓分利之人耳。分利之人日益富，生利之人日益贫，事之不平，孰甚于此！且富家更施一网打尽之计。一事也独力不能胜，则合什百千万之众，尽力以霸占

---

[1]浡，旺盛的样子。

[2]草昧经纶，犹草创治理。《隋书·高祖纪下》有“登庸纳揆之时，草昧经伦之日”。

[3]皇古，上古、遥远的古代。严复译赫胥黎著《天演论》有“自皇古迄今”。

[4]暌隔，分离、乖隔。

[5]被通“披”，意即覆盖。西被东渐，即从西至东，是指东西方的交流。

[6]詟，惧怕、震慑。陆詟水栗，声威远播、四方畏服。出自《后汉书·班彪传》：“殊方别区，界绝而不邻，自孝武所不能征，孝宣所不能臣，莫不陆詟水栗，奔走而来宾。”

[7]京，古代数名，指一千万，亦指一亿兆。兆，古代指万亿。

[8]蔀屋，指草席盖顶之屋，泛指贫家简陋之屋。茅檐蔀屋，犹言贫民寒士所处的地方。“凡在茅檐蔀屋，无不欢呼载道，感颂皇仁。”见林则徐1836年奏折，林则徐全集编辑委员会编：《林则徐全集·第2册·奏折卷》，福州：海峡文艺出版社2002年版，第716页。

之，是曰“纠股公司”[1]，工匠辈恒詈[2]之为“股盗”。昔年欧洲有大商局，肆行龙断[3]之毒，众商呼之曰“局盗”。又有世爵之家，怙势殃民，万民呼之曰“爵盗”。今日之股盗，犹局盗也，犹爵盗也。工匠则茕茕孑立，生命悬于呼吸，坐视天下之美利，云驱风卷，以尽入于富室之贪囊。

呜呼！天下之人，大抵不外二等耳。有一等之闲人，斯有一等之佣人。有一等篡位之人，斯有一等失位之人。有一等之剧盗，斯有一等之事主。有志安民者，于此能了然于心，则孰当爱护，孰当惩创[4]，自不烦言而解矣。

欧洲百年以前，已有断断于二等之人类者。及至尽人操举官之权，足以限制乎旧法。又惜其未能善用，有权遂一如无权，而受苦之佣人、失位人，与夫被盗之事主，依旧惨无天日也。但物极必反，间亦有图泄其忿者，合众小工而成一大力，往往停工多日，挟制富室，富室竟一筹莫展。似此举动，较之用兵鸣炮，尤为猛厉。其以百工领袖著名者，英人马克思[5]也。马克思之言曰：“纠股办事之人，其权笼罩五洲，突过于[6]君相之范围一国。吾侪若不

[1]纠股公司，即股份有限公司，是一种现代企业组成方式，是指将全部资本划分为等额股份，股东以其认购的股份为限对公司承担责任，公司以全部财产对公司债务承担责任的法人。纠，犹集合。此处是指向其以分股卖出股权的形式融集资金。

[2]詈，骂。

[3]龙断，即垄断。

[4]惩创，惩罚、惩治。

[5]英人马克思，这种表述是错误的，应是“德人马克思”。马克思（Karl Heinrich Marx，1818—1883），德国人，主要著作有《资本论》《共产党宣言》。马克思晚年定居于英国伦敦，故而此书作者可能误认其为英国人。

[6]突过于，多过于、高出于。

早为之所[1]，任其曼延日广，诚恐遍地球之财币，必将尽入其手。然万一到此时势，当即系富家权尽之时。何也？穷黎[2]既至其时，实已计无复之，不得不出其自有之权，用以安民而救世。所最苦者，当此内实偏重，外仍如中立之世，迄无讲安民新学者，以遍拯此垂尽之贫佣耳。”

泰西有教会焉。近年讲道士人，多喜讲雷同之事，而不甚讲矫异[3]之端。且多喜奉行善事，而不甚研求名理，殊堪惋惜。但天主、耶稣两教[4]中人皆言：“上帝之道，不第使人尽得天生之福已也，更使人共享今世之福。”而与格致家争辨不少屈[5]。格致家之言曰：“格物创新诸学，事在人为耳。”道学家则曰：“世间若但知创法，而不知修心，民何以安？”历年以来，两家相持不下。乃至今而复有更变矣。

格致家言：天地万物之成，非有无量年前之上帝特意创之也。天地万物，本由热气而生。热气盘旋于空际，不知其若干年岁，由渐增凉，凉气凝结乃成日月星诸球（地亦一星也，故言星可以括地[6]）。今专以地球言，成球之后，渐生植物，而亦非尽百草万木，有人遍造之也。从一物始，不知其几历岁时，渐变而化成诸物。其后于植

---

[1]早为之所，对某事某物，早点做安排。《左传·隐公元年》有“姜氏何厌之有！不如早为之所”。

[2]穷黎，即贫苦百姓。黎，即黎民百姓。

[3]矫异，即故意标新立异、与众不同。清代李渔《闲情偶寄·居室·房舍》有“性又不喜雷同，好为矫异”。

[4]耶稣教，这里是指“新教”（抗议宗、更正教，英语是“Protestantism”）。与天主教（Catholicism）以教会为绝对权威不同，新教以《圣经》为绝对权威。

[5]不少屈，殊不可解，或是“不少次”之误。

[6]括地，即包括地球。

物而生者，厥又有动物焉。一如植物之递变而递异，亦越于今。鸟兽虫鱼，胎卵湿化[1]，各有主名之可指。问其世系，实皆荒远而不可究极，必谓太初[2]之始，有人辛苦经营，则虚诬[3]弥甚矣。此一说也。

格致家之外，又有经学家。经学家博士之说曰：天下各国相传之经典，大半由后人裒集[4]古书，指为某圣某贤之懿训[5]，初非真出于圣贤之手也。此又一说也。泰西人缘此二说，遂视教会为无用之物，而谓只有格致之实学，大为世辅。苟能是，是亦足矣。

昔日之讲求格致者，大半皆教会中读书得闲之士。其有不受洗礼而专讲格学者，往往兼信卜筮星相诸事，实树正道之敌。故教会中人恒驳斥之，且劝众人，毋为所惑，若辈之气大沮。迨今一二百年来，讲求天文地舆诸学之士，虽未尽躬入教会，而多崇尚实学。更有专讲格致之真谛[6]者，实已尽扫虚诬之习，与教士殊涂同归。然前怨未忘，故居恒论列是非，仍与教士格格不相入。当法国百年前大变之际，甚有以沙汰[7]教会之说，明目张胆而道之者。

---

[1]胎卵湿化，佛教所指称的四种不同生育方式而产生的生命——鸟、兽、虫、鱼。胎卵，即胎生和卵生，胎生有人或兽类，卵生有鱼类、鸟类。湿化，即湿生和化生，湿生有蛆虫、蚊虫之类，化生则有蜕壳的飞蛾之类。

[2]太初，亦作“大初”，即天地未分之前，创世之始。《新约·约翰福音》首两句便是：“太初有道，道与神同在，道就是神。这道太初与神同在。”（中文和合本《圣经》）

[3]虚诬，虚妄、荒唐地捏造事实。

[4]裒集，辑集。裒，即聚集。

[5]懿训，极好的训言。懿，即德行方面的美好，如“嘉言懿行”一词。

[6]真谛，原为佛教语。与“俗谛”相反，两者合称“二谛”。用以泛指最真实的意义和道理。

[7]沙汰，即淘汰、拣选。

特是教会之兴，已历一千数百年之久。纵使末流多弊，教律渐乖，然砥柱中流，正复大有人在。且沈几[1]观变之士，恒忧世变之日亟，迫而动其求道之心。不但教会中人不得传其道，则热中[2]也，竟有素不好道者亦谆谆然[3]语人曰：斯道一日不立，斯世一日不兴。职是之故，虽有谓教会之无益于世者，更有斥教会之有害于世者，甚至以学术宏深之胡思礼，坚持排斥之说，而卒无以服人。英国奥刻师福（译言牛津）大书院诸生[4]，皆彬彬乎博雅才也，且愿分肄业之功，代宣天道，盖道心之沦浃[5]于人心，如此其深且久矣。

近数十年来，又有博采东西各教之嘉言者，汇集成编，按期宣讲，从而受业之士，亦复实繁有徒。法国创立格致学会，专讲人事，力辟天伦（以人事天，是曰“天伦[6]”。）会中主席之士，博学多闻，辨才无碍。然立会

[1]沈几，知道事情隐微的征兆，指深谋远虑。

[2]热中，即热衷。

[3]谆谆然，反复告诫、再三叮嘱的样子。《诗经·大雅·抑》：“诲尔谆谆，听我藐藐。”朱熹集传：“谆谆，详熟也。”

[4]奥刻师福大书院，即牛津大学（The University of Oxford）。这里所说的“诸生”，应该包括了赫胥黎等社会进化论者。

[5]沦浃，深入、渗透。

[6]天伦，在传统儒家经典里“天伦”（天然伦次），是指父子等天然的亲属关系。《庄子·刻意》：“一之精通，合于天伦。”这里的“天伦”，是指“天理”“天意”。宋代两位理学学者赵以夫、林希逸，解《庄子·大宗师》篇“以其知之所知以养其知之所不知”为“以人事天”。赵以夫有“……是由知人以知天，由知天以事天”。林希逸有“人事尽时天理见，是以其智之所知养其知之所不知也”。见崔大华编：《庄子歧解》，北京：中华书局2012年版，第208页。然而，李提摩太在此又将“天伦”和“以人事天”等同，是其创见，故而此处的“天伦”是教会中教士或信徒“事天”与其所奉为最高主宰的“上帝”之关系。

仅数十年，会中人渐次星散，可见人心本具秉彝[1]之好，虽以格致学之精诣，究不得而灭之也。

格致家评量事物，悉按公理而蠲[2]私见，且遇事留心细察，务期阐明其理，而后即安。独至一语涉于教会，即大异于讲求他事之肫诚[3]。是故敬天修心，明明有实诣焉，格致家乃漫不加察，一概指为虚影。且天道之兴衰，实系国家之成败，格致家复一笔抹倒，迄未理会及之。窃思真有才人，遇极无用物，亦将分肌擘理，期化朽腐而为神奇。若夫教会之于世道，大有关系，各国历代史记堪为明证。乃格致家仍屏不道，心偏孰甚，后世必有明理之人，起而痛责其误者。

格致家与教会有夙仇，上节曾言之。实则讲学为天下之公道，岂能参以私见？英人达文[4]创讲生长变化之理，固驰名于五洲者也，其于教会也，忽问以有何用处？遍考格致家论辨他物之际，必先查明何事，然后讲明何理，从

---

[1]秉彝，持执常道。《诗经·大雅·烝民》有“民之秉彝，好是懿德”。

[2]蠲，去除。

[3]肫诚，即诚挚。

[4]达文，即达尔文，英国生物学家，“进化论”的奠基人，著有《物种起源》。

未有作此长柄葫芦之问[1]者。不知人世既有教会，自当格出真谛，方尽格致本分。而乃达文之外，或则曰：“敬天修心，本无理取闹之事。”或则曰：“教会如空炮台，岂能守国。”或更曰：“俟至遍地大兴学校之日，尽人而能读书，彼教会者自遁归于‘无何有之乡’[2]矣。”施本思与其门弟子尤蔑视教会不已，尝言：“教会如野草，任其自生自灭而已。”施君著书，多讲物理，亦未有作如此不了汉[3]语者，是皆深堪诧异者也。且格致家之学问，不但不能助教会已也。一行作吏之辈，欲究治民诸学，格致家亦罕有良法以助之。故如师米德暨米勒二君[4]，同著

[1]长柄葫芦之问，典出《世说新语》。刘义庆撰，徐震堮著：《世说新语校笺》，北京：中华书局2001年版，第413页。《世说新语·简傲第二十四》有“陆士衡初入洛，咨张公所宜诣，刘道真是其一。陆既往，刘尚在哀制中，性嗜酒；礼毕，初无他言，唯问：‘东吴有长柄壶卢，卿得种来不？’陆兄弟殊失望，乃悔往”。陆士衡（陆机）初至京都，征求张华意见应当拜访谁。张华认为应当拜访的人，其中有一位是刘道真。于是，陆氏兄弟去拜访刘道真。刘氏还在守孝，但生性喜欢喝酒，没有戒酒。行过见面之礼后，他们没有谈什么。刘氏只问了“东吴有一种长柄葫芦，你带来种子了没有？”陆氏兄弟非常失望，后悔去拜访他。陆家是世家大族，陆氏兄弟当然不能赞同刘氏在孝中还不守戒，而且还如此简慢。刘氏所问，也无关宏旨，甚为无趣。这里的“长柄葫芦之问”，大概是指无关宏旨的问题。

[2]无何有之乡，指空无所有的地方。《庄子·逍遥游》有“今子有大树，患其无用，何不树之于无何有之乡，广莫之野”。成玄英疏：“无何有，犹无有也。莫，无也。谓宽旷无人之处，不问何物，悉皆无有，故曰无何有之乡也。”

[3]不了汉，成不了事的汉子，即那些讲这番话的人，是成不了什么大事的。

[4]师米德暨米勒二君，“师米德”应是指亚当·斯密（Adam Smith，1723—1790），苏格兰哲学家、经济学家，著有《国富论》（*The Wealth of Nations*，1776）；“米勒”应是指约翰·穆勒（John Stuart Mill，1806—1873），英国哲学家、经济学家、古典自由主义思想家，著有《论自由》《代议制政府》《政治经济学原理》和《功利主义》等。

《富国新策》[1]，苦心孤诣，推究入微，然书中多讲积财之法，并未究安民之学。故抱道而忧时者，多未能心悦诚服。惟马尔沙[2]别著一书，以道德为宗，以史事为证，以历代之治法为准，言治者庶堪借鉴焉。

要之，专精于格致之学者，虽能体会物理，洞晰毫芒，然试与之讲论安民良法，政如隔绝十重帘幕，声息不通。或者动物学[3]一门，庶可藉以为迷津之宝筏[4]。特舍此之外，吾见亦罕，民困将奚自苏哉？夫天下大同之治，本不易致。然民吾同胞[5]，苟任其穷而无告，己饥己溺之谓何也？乃格致之学盛行者一二百年，而安民之学竟共置诸脑后。事之可叹，孰甚于斯？所愿后之研求格致学者，由动物学而推诸安民学，则不徒处士免虚声之诮[6]，更可使苍生跻福禄之林矣。

---

[1]《富国新策》，斯密和穆勒并没有合著一书，此处可能是作者之误植。应是指斯密所著的《国富论》和穆勒的《政治经济学原理》两部书。

[2]马尔沙，对照英文原著，可知此人为阿尔弗雷德·马歇尔，其著即为《经济学原理》（*Principles of Economics*）一书，出版于1890年。原作者认为马尔沙对科学的解释，做了一种有益的尝试。他将科学置放于一个更加坚固的基础之上看待，带进了与历史、政治、伦理甚至是宗教等非常有活力的触因。

[3]动物学，原文此处是指“biology”，即生物学。

[4]迷津之宝筏，迷津，佛教语，即迷失津渡，指“迷妄的境界”。宝筏，佛教语，比喻引导众生渡过苦海到达彼岸的佛法。李白《春日归山寄孟浩然》：“金绳开觉路，宝筏渡迷川。”

[5]民吾同胞，即我与民众，都是同胞。典出宋代理学家张载撰《西铭》“民，吾同胞；物，吾与也”。意谓天下万民大众，皆是同胞；世间万物，都是同类。

[6]诮，讥诮、嘲讽。

第二章　论进境

人之所异于禽兽者[1]，无他，能求日进无疆[2]而已矣。原夫上天造物之始，禽兽与人，同属动物之一类。惟人实冠于万物，用能日进无疆，不特超出于羽毛鳞介诸虫，更裒[3]然为倮虫[4]之长。且充其秀灵之孕毓[5]，能各就其土地，联合而自成为国。且有君以宣其化，有民以承其流。民之从君一如士卒之从将帅，号令既出，莫之敢违。

人为万物之灵，不第明君民之分际已也。盈天地间，皆气也，而人能一一略知之。有化学家出，更能审其质而标其名，分其类而知其用。甚至电气之属，供人驱使，不啻主之役仆。夫气，其至虚而无丽者也，其至微而无定者也。天地之大权，乃旁落于人中。人不几与神同其智能哉！

或问："人亦一物耳，而竟能登峰造极者，何也？"

---

[1]人之所异于禽兽者，典出《孟子·离娄下》："人之所以异于禽兽者几希，庶人去之，君子存之。"

[2]日进无疆，出于《周易》益卦"益，动而巽，日进无疆"。程颐有传解，"为益之道，其动巽顺于理，则其益日进，广大无有疆限也"。见程颐撰：《周易程氏传》，北京：中华书局2011年版，第238页。此处用"益卦"，是因为下文会论述到对身体和对国家有益之事。

[3]裒，即聚集。

[4]倮虫，即身无羽毛鳞甲的动物。古代常用以指人。

[5]孕毓，即孕育。

曰："人之由渐而明，一如国之由渐而兴。就其浅近者言之，人如饮食合宜，则充实壮健，否则病且死，有定理焉。惟国亦然，行大益事，则兴。若缘不明之故而行大损之事，亡也忽焉。"

昔有达文者，善能考察万物生长变化之理，盛名鼎鼎[1]。然究其始，则实因考察各国之废兴成败，而推其理于万物者也，于此有人焉。覆由万物生长变化之理，而推诸治国，因遂回溯各国历代日进无疆之成迹，岂非绝妙之事，而无如明此理者之绝少也。

苟欲洞明此理，首宜知国家之兴，亦如动物之生长，多有不相上下者。然苟无人治理，不但无从兴国，而且逐代递降。试以物论，欲水之流，只须一端稍低，水即率其顺下之性，悠然竟去，其低更甚者，流即更速，此不易之理也。由物以推诸人，治国之道也。牡者，行色华丽，牝为所诱，生子更美，递争而递胜也。由禽兽而推诸人，人能说理，又能合众，争机伏焉。自古至今，凡不知教化之国，人皆畏而避之。知教化矣，其有至善之教，人更乐与来往。于是，善事日增，恶事日减，藉非争也，曷以至此。

更览五洲历代之史，太古时，日寻干戈，多与斐洲[2]内地生番无异。既而有首出之一人，先创章程，以为律法，然仍简略而粗疏也。智者继起，增庳[3]培薄，遂合数千万人而立一君，其国即由是渐兴，前国遂为所败。问："何以败？"曰："惟未善故。"问："何以兴？"曰：

---

[1]鼎鼎，盛大貌。盛名鼎鼎，犹大名鼎鼎。

[2]斐洲，今译为非洲。

[3]庳，低下、低矮。

"惟较善故。"

凡国之所以日进无疆者，又必于相争相胜之道，历经试验，而以至善为归焉。然其中又有自然而然之理。宰治者初无容心也。昔者，亚述、巴比伦、波斯、埃及、希腊、罗马诸古国，类如此也。之数国之君，如波斯之古烈[1]、希腊之爱烈珊德[2]、罗马之该撒[3]，皆有囊括天下、席卷八荒之志[4]，而不知各国兴盛之真机[5]，即在于相争相胜。试观罗马大国，鲸吞蚕食[6]，西方之地，皆隶版图，心曰：今而后，莫予争也已。然即此无所争之一心，衰兆遂从此始。

欧洲三百年来，各国相争，实为相胜之吉朕[7]。其中有英国焉，争心尤过于他人。试观五洲新辟之地，大半皆操英语者之所辖治。且英人每至一地，见其人之愚蠢无知

[1]古烈，应是指古波斯帝国的居鲁士大帝（Cyrus II of Persia，约前600或前576—前530），基督教《圣经·新约》汉语版将其译为"古列"。他是波斯帝国的创建者，曾连续打败了三个帝国，即米底、吕底亚和巴比伦，统一了古代中东的大部分地区，建立了一个疆域辽阔的大帝国，从印度河到爱琴海、从尼罗河到高加索，都曾在其统治的疆域之内。

[2]爱烈珊德，是指亚历山大大帝。亚历山大（Alexander III of Macedon，前356—前323），生于古代马其顿王国首都，曾师从古希腊哲学家亚里士多德，20岁成为马其顿国国王，是世界上最伟大的军事天才之一，世界史上最著名的征服者之一。他建立了一个庞大的亚历山大大帝国，疆域遍及欧亚非三洲。他的征战，使得古希腊文明传播甚远，影响极深。

[3]该撒，指的是盖乌斯·尤利乌斯·恺撒（Gaius Julius Caesar，前102—前44），史称恺撒大帝为"无冕之王"，罗马共和国末期著名的政治家、军事家，罗马帝国的奠基者。

[4]有囊括天下、席卷八荒之志，典出汉代贾谊《过秦论》："有席卷天下，包举宇内，囊括四海之志，并吞八荒之心。"八荒，即八方，八方荒远的地方。

[5]真机，玄妙之理，真正的规律。

[6]鲸吞蚕食，像鲸鱼吞食一口吞下，像蚕吃桑叶逐步侵占。比喻用各种手段侵吞。

[7]吉朕，吉兆。朕，朕兆、征兆。

也，即设教养诸善法，于是美洲、斐洲、澳洲及太平洋岛中人，皆被英国教养之泽。然诸地之人，生齿[1]仍不见增者，厥惟争胜之心，不敌英人故。

三十年前，美国南北大战[2]，原其祸始，特欲省释[3]黑奴数兆辈，俾为平民耳。今美国有获释之黑奴，七兆余人，国家待之无异白人，并予以举官之权。然若辈[4]仍视若无关，一切悉任白人为政。近有白人言，“黑人虽蒙优待，不下于白人，然较白人，实有天渊之判[5]。特远推至上古之世，白人亦犹是黑人也。惟其能相争相胜也，故遂高出黑人。黑人惟其不知也，遂永无媲美白人之日。且不但白黑之判然也，同种之人，亦分类分党以争。故溯厥古初，族与族争，其后国与国争。及至目下，则所谓最上之国者，其人倘实有足以相胜之机，可自至贱之品流，一跃而至至尊之分位。则人与人争也，若以经商作工言之，亦皆以相争相胜为尚。昔者人之执一艺以成名者，类多悠游自得。今则若不各竭其力，必致堕于人后。可知争胜之日益加紧。且昔之相争，仅在一方及一国耳，今则广而至于万方万国。而况古人有范围不越之道，同乡、同业、同宗，皆有拘忌，即皆阻人之前进。今则就执业一途而论，父不能强子，主不能强客，官不能强民，众人皆任意独

[1]生齿，人口。

[2]美国南北大战，即美国南北战争，或称美国内战，是指发生于1861—1865年间的一场大规模的内战。战争的起因是美国南部十一州退出联邦，另成立一个政府，并驱逐驻扎在南方的联邦军队。当时任美联邦总统的林肯，下令攻打“叛乱”的南部诸州。最终是联邦获胜，维护了国家的统一，并废除了奴隶制度。

[3]省释，释放。

[4]若辈，这些人。

[5]天渊之判，即天渊之别，高下相差甚远、区别极大。

行，相争之机乃益广。

查英美等国之人，作事甚勤[1]，东方之人，则似甚闲散也者，深维其故。始知居于寒地，即赤道迤[2]北四十度以上者，皆矢业精于勤[3]之意。五洲大事，遂大半归其掌握。东方人及居于赤道下者，精力较短，遂荒于嬉。若使二种人相争，大抵居寒地之人，必将较胜一筹。居于寒地者，英美等国是也。英美之人，虽求天下同享太平之福，而不得不留意于相争。既争矣，未受教化之人，必不能敌。试观太平洋诸岛，虽经英人设法教养，而生齿日见其少。惟印度及居美之黑人，生齿尚复如故。然相争相胜之心，即生人兴旺之至理。若辈仍茫然不知也。

---

[1]原著中，作者颉德引用了Alfred Marshall教授的观点。该教授认为，现时全世界各地的英美人（盎格鲁—撒克逊人种）工作非常勤奋，而且每年的工作量也远比其他人种要多。相关数据和论证，来自Alfred Marshall的著作《经济学原理》（*Principles of Economics*）（Vol. I，p. 730）。在这部书中，Marshall教授将西方的发达、西方人的优胜，归因于一种他们从自然获得的独特天分（Peculiar endowment）。

[2]迤，延伸。

[3]业精于勤，学业的精进在于勤奋。典出韩愈《进学解》：“业精于勤，荒于嬉。”

第三章　相争相进之理

天生烝民，有物有则。民之秉彝，好是懿德[1]。此其所以超出于禽兽，而为万物之灵[2]也。且人之所以为人者，又各具喜群而恶独之一念，度必先知合众之有益，复知专欲之无成，因而联人成家、联家成国。千百载后，当更有联国成一统天下一日，斯喜群之量交尽，而生人之理大全矣。

地球之悬于天空，团团然[3]一物耳，乃有至灵之人以居之，实为百思不到之奇事。顾远溯至皇初[4]以上，固未尝有所谓人也。今泰西格致名家中，有创讲生长变化之新学者，皆言：地球第一生灵，孑孑[5]蠉蠕[6]，只适有一节

[1]此句出于《诗经·大雅·烝民》：“天生烝民，有物有则。民之秉彝，好是懿德。”烝民，即众民、百姓。秉彝，持执常道。懿德，美德。大概的意思是：上天生养万民，有万物，有法则，而众民也持执常道，热爱这样的美德。

[2]万物之灵，典出《尚书·周书·泰誓上》：“惟天地万物父母，惟人万物之灵。”

[3]团团然，圆圆的样子。

[4]皇初，最初的帝王。《文选·班固〈典引〉》有“厥有氏号，绍天阐绎，莫不开元于太昊皇初之首”。吕向注：“其有名氏号令之君，绍继天下，开治万物者，莫不始于太昊之主，以为帝皇之首。”

[5]孑孑，细小、幼小。

[6]蠉，指蚊子的幼虫，做动词可指虫子屈曲爬行或飞。蠕，像蚯蚓那样慢慢地爬动。蠉蠕，则是指蠉飞蠕动，昆虫的爬行或飞翔。

耳。譬诸鸟卵，或仅一黄，或但一白，绝无耳目手足之利用，亦不关骨肉血髓之类，妙合而凝。既而有二节，俄而有三节，以迄于五、六、十节。乃又小节变为大节。一形化作数形。积之久焉，更变而为各种鱼，化而为各种鸟。后于鱼鸟而生者，厥又有各种兽。综其大要，后起之物，必较胜于先生。如造塔然，更上一层，必较下层为略高也。千变万化，千生万长，至于终极，遂合千万节而成一人。回视向者适有之一节，相去诚霄壤[1]殊矣。

思之、思之，抑重思之。向者适有之一节，非徒一类已也。有若干之一节类，奄然[2]而就死，乃有若干之二节类者生。抑自三节类者生，以尽灭乎二节类者之物。由是递死递升，递生递灭，爰有百千万节之物，而仍共趋于相争相进之一途。试观大海之游鳞，寥天之飞羽，与夫深山穷谷之兽族，历代以来，非弱肉而强食，即影铄而声销[3]，要其相争不已之时，败而死者当不下恒河沙数[4]，胜而存者，殆已可偻指[5]计矣。然物既战胜而生存，必较诸败且死之物，弥多力亦弥多寿。似此至奥极妙之理窟[6]，人苟潜心默想，当共失声长叹曰："斯世恒河沙数之物，何必令澌灭[7]殆尽，而彼可偻指计者仍未能造

---

[1]霄壤，霄壤之别，天和地之大别，比喻相去极远、差别极大。

[2]奄然，犹奄忽，指死亡。

[3]影铄而声销，犹言销声匿迹。

[4]恒河沙数，佛教语，恒河为南亚大河，比喻数量多得像恒河中的沙子那样，无法计算。《金刚经·无为福胜分》有："以七宝满尔所恒河沙数三千大千世界，以用布施。"

[5]偻指，屈数而数。

[6]理窟，义理的奥秘。

[7]澌灭，消亡、消失。

极登峰乎？”然又不敢责造物之不仁也。其迫而出于优生劣灭之一途者，窃窱[1]纠纷，使人不可思议。姑衡以井蛙之见[2]，大抵若操他术，亦可成此人世，上帝必将改弦易辙[3]，以善全乎无限生灵矣。

人为万物之灵，固也。然人类之始生，断不能遍察地球之繁赜[4]。洎乎[5]层累而上，曲折而赴。今世学业，远迈古初，遂有侈然[6]自足者，阳托[7]于与世无争之美德，实则晏安鸩毒[8]，所谓今女画[9]耳。不知人而无争，必将每下愈况。故欲蕲[10]今之胜昨，务在舍让以趋争。如超距然，偶一徘徊，捷足者恐已先登，自顾微躯，瞠乎后矣[11]。试专以争言之，一则其专谋利己者也，一则其兼谋利人者也。公私之殊，不可以道里计。然而历代之进境，不问其为公为私也，争焉而已。是故上古之世，父子兄弟，聚而成族。遇事与他族战，有众一旅（五百人为

[1]窃窱，即窈窕，深远貌、秘奥貌。

[2]井蛙之见，井底之蛙那样狭隘的见解，比喻狭隘短浅的见解。《庄子·秋水》有：“井蛙不可以语于海者，拘于虚也。”

[3]改弦易辙，事物之间不协调犹如曲将变调、车将改道，比喻遇事不顺要灵活变通。

[4]繁赜，复杂深奥。

[5]洎乎，等到、待及。

[6]侈然，骄纵貌、自大貌。

[7]阳托，借口。

[8]晏安鸩毒，晏安即安乐、安定，鸩毒即毒药、毒酒。《左传·闵公元年》有：“宴安鸩毒，不可怀也。”孔颖达疏：“宴安自逸，若鸩毒之药，不可怀恋也。”

[9]今女画，典出《论语·雍也篇》：“冉求曰：‘非不说子之道，力不足也。’子曰：‘力不足者，中道而废，今女画。’”今女画，女通“汝”，即，现在你画地自限。

[10]蕲，通“祈”，祈求。

[11]瞠乎后矣，即瞠乎其后，远远落在后头，只能干瞪眼，想赶都赶不上。

旅）。决胜于蜗角之间[1]，强凌弱，众暴寡，争也。既而有百里之君，成师（二千五百人为师）。而出，彼零星之族靡矣。既而有王者兴，张我三军（万二千五百人为军），鼓行而前。列国诸侯，俯首听命。亦越于今，每一大国，养兵数兆，战胜攻取，无往不利。诸如此类，要仍概以一争。及为之溯厥本原，则悉起于好群而恶独之一念。群愈盛，即争愈奋。争气愈炽，即胜概愈雄。是盖有莫之致而致，不期然而然者。而猥[2]曰："聊以固吾圉耳[3]，无事长驾远驭为也，其仆也，可立而待也。"

且也居今之世，争胜负于疆埸间者，其非徒坐拥重兵之谓。诘朝[4]相见，旗帜连云，试按籍以句稽[5]兵数大略相等，然而兵机之利钝，明眼人从旁豫决，有无待乎兵刃既交者，是岂谓鬼神来告哉？国势之盛衰，端在人才之消长，圣君贤相之图治也。务使其全国之民气体充实，识见广远，德性粹美，兼能上循天理，下处人事。以此众战，谁能御之？及察与之为敌者，则竟陷溺其民，事事适与之相反，虽有十倍之众，非交绥[6]即渍[7]，直不戢[8]自焚耳。

---

[1]决胜于蜗角之间，典出《庄子》。《庄子·则阳》："有国于蜗之左角者曰触氏，有国于蜗之右角者曰蛮氏，时相与争地而战，伏尸数万，逐北旬有五日而后反。"后以"蜗角之争"比喻因小事而引起争斗。

[2]猥，谦辞，犹言辱。

[3]聊以固吾圉耳，语出《左传·隐公十一年》：（郑伯说）"寡人之使吾子处此，不惟许国之为，亦聊以固吾圉耳。"圉，边陲也。

[4]诘朝，诘旦。《左传·僖公二十八年》有："戒尔车乘，敬尔君事，诘朝将见。"杜预注："诘朝，平旦。"

[5]句稽，查考，核算。

[6]交绥，交战。

[7]渍，通"脊"，即死人骨。《说文解字》"渍"字，有"国亡捐瘠"一词。

[8]戢，停止、收敛。有"载戢干戈"一词。

由是观之，欲国之强，必先使一国中人，无一不强，斯无畏乎敌国外侮矣。乃世之只图安逸者，则曰："何忍以一己求胜之故，而道天下以争，甚至争地以战，杀人盈野，争城以战，杀人盈城[1]乎？"不知战败而死者，大抵其才其德较逊于战胜而生还之人。故其死也，固可惨也，而后世之人，反因其死而受其益者。则缘继继绳绳[2]，皆战胜者之苗裔[3]，遂化弱而强也。或又曰："时会至今日，已非古世蛮荒之比，何忍仍令各国，一争而无不争。"则请正告之曰："所贵乎人者，以其有相争相进之心也。此心既亡，人类即渐归于无何有之乡矣。今世生存之人，即先代争进之人之苗裔。"苟不能绳其祖武[4]，则在家为不肖子，在国为无用人。夫使一国之人，而尽成无用也，尚足以为国哉？

今世之争，恐将有更甚于古者。此非凭空揣测之词也。试稽近代学派，有讲求安民新学之一家。如德国之马客偲[5]，主于资本者也。美国之爵而治[6]，主于救贫者

[1]此句出自《孟子·离娄上》："争地以战，杀人盈野；争城以战，杀人盈城。"

[2]继继绳绳，即继继承承，前后相承，延续不断。

[3]苗裔，后代子孙。

[4]绳其祖武，典出《诗经·大雅·下武》："昭兹来许，绳其祖武。"郑玄笺："戒慎其祖考所履践之迹。"朱熹集传："武，迹也。"即，依祖先的足迹继续走下去，比喻继承祖辈事业。

[5]马客偲，即上文或下文之"马克思"。不知为何前后几篇，所译人名，并未统一。原著此处提及了马克思所著的《资本论》，是研究社会和阶级的一种代表文献。

[6]爵而治，即上文提及的"哲而治"，亨利·乔治。详见前文所注。

也。美洲又有柏辣弥[1]，主于均富者也（本广学会[2]前译《百年一觉》之书即衍其义）。英国之法便[3]，尤以能文著。皆言人隶律法之下，虽皆平等，人得操举官之权，亦皆平等（君主之国无此权也）。独至贫富之相去，竟若天渊，语语翔实。讲求政学家，至今终无以难之。即格致家最著盛名之胡思礼，亦曰：“若无善法，以救贫民。”吁！莫若天空现一大彗星，与地球之行同轨道，突然相撞，尽成齑粉[4]。人不论贤愚贵贱，死无噍类[5]之为愈

[1]柏辣弥，即爱德华·贝拉米（Edward Bellamy，1850—1898），生于马萨诸塞州的契柯皮（Chicopee，Mass.），美国作家和社会主义理论家，以其小说《回顾》（*Looking Backward: 2000—1887*）而著名。该书的主要内容是，主角在1887年被催眠之后，于2000年醒来，发现自己所处的城市波士顿，已经变成一个社会主义乌托邦。作者以此书暴露了当时资本主义社会的各种矛盾，也展望经过改良之后的社会可达到的文明程度，提出了自己的经济和政治主张。该书于1891年被李提摩太译为《回头看纪略》出版，1894年易名为《百年一觉》以单行本出版。该书在晚清影响极大。康有为在写作《人类公理》（《大同书》的前身）时，曾参考过该书。谭嗣同在其著《仁学》中提到：“若西书《百年一觉》者，殆仿佛《礼运》大同之象焉。”梁启超于1902年所著的小说《新中国未来记》，在构思上和写作技巧上，都可以看出《百年一觉》的影响。毫不夸张地说，《百年一觉》一书是晚清“小说界革命”、晚清政治小说、乌托邦小说的先声。

[2]广学会，1887—1956年间非常重要的出版机构，由英美基督教新教传教士创办。广学会所出版的图书，对于清末维新运动和新政都产生过很大影响。1887年在上海成立，其前身是1884年成立的同文书会（The Society for the Diffusion of Christian and General Knowledge Among the Chinese）。戊戌变法期间，光绪皇帝为了学习西学，找来阅读的129种新书中，其中89种是由广学会出版。1949年，广学会中外人士全部撤离中国。1956年，这个机构与其他基督教出版单位合并，组成中国基督教联合书局。

[3]法便，即费边，应是指英国的费边社（Fabian Society）。这是英国的一个社会主义派别，起源于19世纪末，由一群中产阶级知识分子所发起，以古罗马名将费边（Fabius）作为学社名称的来源，意即师法费边亚有名的渐进求胜的策略。社中成员奉行“费边社会主义”，主张通过温和的渐进的改良主义方式，走向社会主义。

[4]齑粉，细碎状、粉碎状。齑，即捣碎的姜或蒜。

[5]噍类，能吃东西的动物，也特指活人。噍，吃东西，嚼。

也。余尝遍察英法诸国，凡开办大工程之地，贫民四集，如蚁附膻[1]，万一机炉尽息，闭门谢众，疮痍满目，惟饥死耳。且非徒胡思礼之言也，英人有布忒[2]者，遍查伦敦情景，终身不厌，著书八卷，实为专门名家之业。中有言，旅人纷集伦敦，乃赤贫之民，大抵居百之三十。且伦敦为地球第一富埠，然巨富之家，合诸小康之户，只居百之十七八。可与胡说互相印证。至于美洲之爵尔治、柏辣弥二人，详论其本洲之事，与胡、布二人之论欧事，亦复如出一辙。此欲不争，安得而不争！？

或曰："让，至德也，亦美名也。苟舍让而启争，扰扰纷纷，民生不将大乱乎？"故英人米勒讲求《富国新策》，独出冠时，其书中有言安民之学，宜使无争。殊不思人尽安贫，世事即江河日下[3]也。与米勒并世而生之达文，独辟相争相进之妙理。其警句云："贫民亦自谓不可争。呜呼！非不欲争也，其力不能夺他人之利，而其利反为人所夺也。"沉痛之语，使人泪下。

今之最可痛者，世间纵有无穷之妙法，而救贫即以安民之理，迄无人体会入微也。且余之所谓相争者，又有利己与利众之争焉。私心太重之人专为利己，而争固属有害

---

[1]如蚁附膻，典出《庄子·徐无鬼》："蚁慕羊肉，羊肉膻也。"后以如蚁附膻比喻趋炎附势或追名逐利的行为。

[2]布忒，是指查尔斯·布殊（Charles Booth，1840—1916），是一位慈善家、社会研究者。布殊是著名费边主义者Martha Beatrice Webb（1858—1943）的侄子，两人都致力于研究工人阶级和贫困的问题，在当时的学术圈有较大的影响。下文所说布殊著书八卷，应该是指其著《工人和人民的生活》（Charles Booth, ed. , *Labour and Life of the People,* London：Williams and Norgate, 1891.）

[3]江河日下，江水日益向下游流去，比喻情况一天比一天坏下去。事物日衰，景象日非。

于世道，然苟争求利众而竟尽去其利己之争，则将尽学夷齐之首阳槁饿[1]乎？是故两者之争，如衡诚悬，宜使之适剂于平，不可顾此而失彼也。乃历代善言性理[2]之人，亦未能讲明此理。惟有考求动物学者，二千三百余年来苦心孤诣，始知物种之先有一节，人身之具有全体，要皆彼此相争，然后古今相进。因而推诸人事，历历不爽[3]，且重言以申明之曰：“人若不争，即一代不如一代也。”

---

[1]夷齐之首阳槁饿，指伯夷、叔齐在商亡之后不食周粟，不愿臣服于周朝，隐居于首阳山，采薇以食，后来穷困饥饿而死。夷齐，即伯夷和叔齐两兄弟。首阳，即首阳山，伯夷、叔齐采薇隐居之处。槁饿，穷困饥饿。典出《史记·伯夷列传》：“武王已平殷乱，天下宗周，而伯夷、叔齐耻之，义不食周粟，隐于首阳山，采薇而食之。”

[2]性理，人性与天理，这里泛化地指生命的原理和规律。性理，本是独指宋儒性理之学。

[3]历历不爽，一个个清晰分明，可以数清，不会有差错。

第四章　人世第一大事

上章言，有以一人而敌众人者，亦有合众人而成一人者。此理既明，则知论世事之第一大题目，实在于此。而凡居此世界之人类，当共求进而益上之际，果宜恪遵何道，始能彼此不相殄灭[1]。而世事已日异月新哉。夫能安辑[2]人群，兼能裨益人生者，诚人世之莫大机缄[3]，即论世者之绝大题目也。谓余不信，试罕譬以道之。

假如有一种生灵，出自星球，而来人世，乃先踵格致学家，请作导师，冀遍睹地球重大之关系。彼格致家，自必导游各大国之都会，及古今诸名胜之地，而一一指示其厓略[4]，比经礼拜堂门外，即使高华典丽，凌帝所而轹仙宸[5]，必傲然过之，而不一回顾也。星球客已心窃异之。既而旅居稍久，游踪更广，但见似此高华典丽之屋宇，实

[1]殄灭，消灭，灭绝。

[2]安辑，犹安定、安抚。

[3]机缄，关键、事物变化的要紧之处。

[4]厓略，梗概、大略。

[5]帝所仙宸，帝所，指天帝或天子所居住的地方，仙宸，指仙人居住的地方。典出《新唐书·裴矩传》："蛮夷嗟咨，谓中国为'仙宸帝所'。"凌、轹，皆为超过的意思。

为人世之弁冕[1]。况有恒河沙数之人，出入其间，营营不已[2]，则必将问于格致家曰："此何地也？先生曷为而不屑之意？幸明告我。"格致家或当听尔而笑曰："此盖上古不明真理之时，流传之旧俗也。"或亦语之曰："此往者拜初祖之地也。"或更曰："有教会中人者，竞言有治理天地万物之鬼神，人乃皆入此室而拜之，但今之智士，已不愿随波逐流，再作似此之事矣。且昔之教会中人，恒指摘[3]格致家之谬误。吾等视同水火，至今心未释然也。"星球客闻之，即知格致家甚不愿齿及此事，亦不再问。迨与格致家握别后，重遇他人，则皆语之曰："我人之于教法，关系匪轻。人世各国，无教亦无以立也。"星球客乃细察而深究之，始知格致家之所讲，皆系一身与接为觏[4]之物。他事皆置不道，惟入礼拜堂者，则从耳目所能见能闻之事，推而至于不能见闻之理。之两说者，如枘凿之不相入[5]也。然各执一端，断无一误，欲分优绌[6]，戛戛乎难[7]。则试再考其近状，因知此一二百年间，虽有

---

[1]弁冕，犹言最好。弁、冕皆古代男子冠名，吉礼之服用冕，通常礼服用弁，因以"弁冕"指礼帽。《春秋穀梁传·僖公八年》有："弁冕虽旧，必加於首。"

[2]营营不已，不断地忙忙碌碌。

[3]指摘，摘出错误，进而加以批评。

[4]觏，遇见。

[5]枘、凿，榫头与卯眼。枘凿之不相入，枘圆凿方或枘方凿圆，难相容合。后因以"枘凿"比喻事物的扞格不入或互相矛盾。屈原《楚辞·九辩》有："圆枘而方凿兮，吾固知其鉏鋙而难入。"

[6]优绌，优劣。清陆继辂《〈七家文钞〉序》有："尝论贤人君子，其才分各有所优绌；而或挟一端以自引重，则荒江老屋之间，有薄卿相而不为者矣。"

[7]戛戛乎难，形容困难、费力。典出唐代韩愈《答李翊书》："戛戛乎其难哉！"

格致家之精诣[1]，盛行人世，若上溯数千年之久，厥有教会中所订之条规，实与世道人心，互相维系。格致家虽与之龃龉[2]，然亦有一切风气，本开自礼拜堂者，辄不觉其乐于遵守也。然教会之事，断非如格致家见到之小事，而教会之扶翊[3]世道，匡正人心，实超出于格致家万万也。

星球客固善知识也。体会入微而后，又觉两家互争之语，实各有其相助之机。然欧洲名宿，畅论教会之理，试为考其精警之语，亦复微有参差。甲若曰："教会知有上帝，而愿效其至善。"乙若曰："教化遵天命而行。"丙若曰："教也者，教人乐于修德也。"丁若曰："教会最敬人之地位。"戊若曰："是恭敬心，是畏惧心，是顺从心。"己若曰："人当知何以待五洲万物？"庚若曰："人之微灵，能知创造天地万物者，有无穷无尽之灵。"辛若曰："凡见有德之人，当敬之、爱之、慕之。"壬若曰："奉造化主者之命。"癸若曰："愿择斯世之至善者竭吾才力，则而效之。故不必求有益于己，但求有益于至善之事。且充其信心所至，共觉万物之外，有一真主焉。人在艰难困苦之中，可默冀主力之相助。"似此十说，备哉粲烂而未已也。子又若曰："奉教之人，实深知天地万物之来历，及人在其中之本分。"丑若曰："教化起于敬、深于慕。"寅若曰："教会中人，共信有无始无终之上帝。在天地万物之中，为之主宰。其治人也，一如人世之帝王。"

[1]精诣，精到，谓学养精粹。《宋史·蔡元定传》有："精诣之识，卓绝之才。"

[2]龃龉，上下齿不相对应，比喻不相投合、意见不合。

[3]扶翊，辅佐、护持。

星球客备闻此言，乃知地球上人，有专讲目前者，有推及于人目所不能见，惟人心始能见之者。然专讲目所能见之人，必与多讲心所能见之人，互相抵牾[1]。故格致、教化两家，自古一分而不能合，且迄今不让而必共争。惟是既启争端，教化家独擅胜场，格致家反遭败绩，历验不爽，纯任自然。夫教化家之所以能奏凯而归者，岂有异术哉。然亦治理历代之人心，有兼容并包者在也。

然而，格致家之与教会，本非蓄扫尘灭迹[2]之心也，惟其意若曰："目之于色也，耳之于声也，鼻之于臭也，口之于味也，手之扪而足之蹈也，皆有迹象之可凭。"教会乃叩寂而课虚，孤行而冥悟[3]，显树实学之敌，不得不辞而辟之耳。夫岂知两家所执之理，不在于实有虚无也，而在于近观远察。格致家所恃为实有者，特其近观而得者耳。教会则远近毕赅[4]，虚无且迥超于实有。蚍蜉撼树[5]，庸有济乎？

[1]抵牾，矛盾、对立。

[2]扫尘灭迹，原义是比喻平定乱事，使地方安靖。此处引申论说格致家与教会虽然并非敌我对立、完全悖反，但是格致家仍对教会有非言谩语，因后者之学乃非实证。原典出自汉代李陵《答苏武书》："灭迹扫尘，斩其枭帅。"

[3]冥悟，谓从蒙昧中省悟。

[4]远近毕赅，远近全都被包括在内。赅即完备、包括。与此词类似的词是巨细毕赅，无论大的、小的，都包括在内。

[5]蚍蜉撼树，比喻力量很小而妄想动摇强大的事物，不自量力。蚍蜉，大蚂蚁，唐代韩愈《调张籍》："蚍蜉撼大树，可笑不自量。"

第五章　大道关系于兴世

泰西有究心动植物者，专门名家之学也，乃往往强以其理，推诸世道，而谓世道与动植物学，罔有区别，苟明乎此，即通乎彼。试为平心察之，世道之与动植物学，诚有相通之处，人皆不可不知。惟是动植诸物，或为一节，或为全身，自古迄今，互争不已。人之与人，一如物之与物，相争相进，无穷无尽。然使人各专谋利己，即不能成世界。又或专为人谋，而绝不顾己之有利与否，世界亦不能持久。故利人利己二者，要贵并行不悖[1]，而无任其有所偏胜焉。斯人道立而世道成矣。

遍考世人之心，大半求有利于己，而不知兼利乎人，通病相沿，良堪浩叹。历代格致家，遇事必极深研几，以衷至当，乃独有一事焉，能使含生负气之伦[2]，不专为己谋，而兼为人谋者，迄未尝体察及之，岂非格致之阙憾[3]哉。奉天宣教者，则知有古今不变之大道，苟能深入乎人心，自不第存为己之私心也，更当仰体造物之公心，而冀在世之人，无一不得其所。然则，世事之关系，孰有大于道者

[1]并行不悖，彼此同时进行，不相妨碍。《礼记·中庸》有："万物并育而不相害，道并行而不相悖。"

[2]含生负气之伦，一切有生命者，这里指人类。含生，拥有生命。

[3]阙憾，缺憾。

哉？小用之而小效，大用之而大效，又孰有过于道者哉？

法国有康特[1]者，生于数十年前，博学之名噪于远近。曾著一书，专讲人生在世五官百骸经历之事，名曰《官骸之道》[2]，而绝不讲在天之上帝，亦不讲一切神道。英国有西丽[3]者，亦著有一书，名曰《自然之道》[4]，与康特用意正同。且格致家之设心，大半皆与二人相似，殊不知本此以立论，惟导人专为己谋，毫不顾他人之苦乐耳，责以大害于世道，亦复何说之辞。

伊古以来[5]，凡事之可称为道，而大有关系于人心者，必其论及临乎人上者也。不然，实不合称之为道。临乎人上者之理，即生人之绝大关系，若世道果与动植物之理，沆瀣一气[6]，因而悉心推究，知其同隶于无声无臭之

---

[1]康特，现通译为“孔德”，即Auguste Comte（1798—1857），法国著名哲学家，社会学、实证主义的创始人，被尊称为“社会学之父”。曾任著名的空想社会主义者圣西门的秘书，但最后他的哲学观念与圣西门不同。孔德从自然科学出发来研究哲学，要建立科学的哲学。他将精神看作是社会进化的决定性因素。颉德在其原著中（第108页）提及，在英、法、德诸国的孔德之流中，“许多人质疑宗教信仰中超自然元素的重要性”。

[2]《官骸之道》，是指孔德的著作*Cours de Philosopie Positive*（《实证哲学课程》）。

[3]西丽，即希利（John Robert Seeley，1834—1895），英国历史学家、政治学家。他在《自然宗教》（*Natural Religion*）一书中，否定了“超自然主义对宗教来说必不可少”的观点，并认为科学对宗教的否定，并不会毁灭反而会纯粹化基督教。李提摩太是第一位在中国介绍希利的学问的人。近人黄克武先生等学者，误将严复当作第一位西方政治学的译者。“1905年至1906年他（严复）应上海基督教青年会之邀，做了八次演讲，商务印书馆将之出版，名为《政治讲义》，该书主要依赖西莱（John Robert Seeley，1834—1895）的《政治学导论》，被认为是近代中国第一本介绍西方政治学的书籍。”见黄克武编：《中国近代思想家文库·严复卷》，北京：中国人民大学出版社2014年版，第10页。

[4]《自然之道》，是指希利的著作*Natural Religion*（《自然宗教》）。

[5]伊古以来，自古以来。

[6]沆瀣一气，比喻臭味相投的人勾结在一起。

真主宰，则较诸研究一国之事，尤为紧要。且较诸研穷一种人之事，更较诸研穷全地球各种人之事，亦皆莫可伦比。然而，专讲动植物学者，又往往舍本而逐末也。甚矣，其惑也。

要之，人之兴衰，一以道之浅深诚伪为衡。而林林总总之中，有专谋利己之一种人，又有上体世界主真意之一种人，此二种人者，彼此相争，仍并育而不相害，即世道大兴之绝妙机缄也。夫教之为用，在于约束人之私心，使人作事，合乎众意者也。

若专就教会言，或论上帝，或论神道，或论治心，或论修道，其说亦极纷纭。惟借临乎人上之真神，以收敛乎人心，则教虽万殊，训归一致。至论立教之源，则又有二说焉。一曰：太古始有人类之时，人皆一物不知，既而渐见日月星辰运行不乱，春夏秋冬周流无滞，即思有掌理天地万物之主，而道生焉。一曰：鼻祖生于古初，上帝现身说法，躬自教之以大道。无奈阅时[1]既久，渐失真传。但古初何以有道[2]，尚无文字可纪，即无端绪之可寻。窃谓：近世不泛野蛮，伏处于五洲偏僻之山林，散居于大海苍茫之岛屿，固皆未知教化为何物者也。乃罕其土风，究其习俗，无论是何种类，莫不道及上天，信有神鬼，更知有他物焉。能为吾侪之祸福，因而递相警戒，渐能敛戢[3]其私心。由此观之，古之有道，亦即若是焉耳矣。

[1]阅时，经历时日。

[2]此句本自汉译《圣经·约翰福音》（1：1-2）：“太初有道，道与上帝同在，道就是上帝。这道太初与上帝同在。”

[3]敛戢，收敛。

立国之最古者，曰埃及、曰中华、曰溆利亚[1]、曰巴泚仑[2]、曰希腊、曰罗马，盛名鼎鼎，各自有其教法，然其称世界主之监察人心，实属毫无歧异。

印度，亦古国也，释教兴其中，人罔不致敬乎佛。试问佛为何物？则曰：临乎人上者也。回教代兴，亦复到处宣扬令人归顺真主。试舍古而言今，今之泰西，名国林立，乃其人之入礼拜堂者，仍太古之遗风也。且读其讲道之书，措词虽不能从同，然无不本其识见之界限，举天以传诸人世，使人笃信谨守。所谓君子遵道而行者，其孰以加于此哉。

英国名流施本思独曰："惜乎哉！人之讲道也，夫古人混沌未凿，偶有误会，诚无足责。乃至真理大明之今世，用执上帝赏善罚恶之一言，不知赏善罚恶本自然之公理，何必有上帝以司之。"噫！以若所言，何见其偏而未会其全哉。窃谓施本思之徒，既能知赏善罚恶，为自然之公理，倘兼知为上帝所定，岂不更形完备，乃徒悬此偏而不全之说，信之者，曾无几辈。是施本思之为道学家惜者，吾转为格致家惜矣。道学家恒言，上帝赏善罚恶，并畅论爱人救世之理，天下人皆信而服之，其有不服者，其即施本思之流亚也夫。

设教之士，有专言以人治人之道者，众虽洗耳以听，而皆漠然无所动于中。苟一语及于天之治人，则人心莫不

[1]溆利亚，即叙利亚。曾被亚述长期统治。上文第二章曾将“亚述”与巴比伦、希腊、罗马并称。

[2]巴泚仑，即巴比伦。上文第二章也作“巴比伦”。

感动，故虽伪教如美之木门[1]，亦因其能讲天理之故，用能别树一帜。又有真教如康特诸人者，舍天理而不讲，人心即寂然不动，从可知欲使大众之人，尽愿舍己以救人，必先使其信上帝有好生之德[2]，愿舍己以救人，然后能以上帝为模范，而求有益于众不敢专为己谋。夫至人皆具此公心，世道之兴，尚有涯涘[3]哉？吾盖观于泰西诸名国，而知国之最兴者，实皆缘道之大行，有心世道者，当留意于此绝妙之机缄，无徒沾沾焉究心于动植之物也。

[1]木门，即摩门教，全称是“耶稣基督后期圣徒教会”（The Church of Jesus Christ of Latter-day Saints），这是基督教的一个分支，但其信仰内容上与一般分支有较大的差别。该教会是后期圣徒运动之中发展规模最大且最为人所知的一个宗派，并且认为其教会是原始基督信仰的复兴。他们只相信翻译正确的《圣经》，使用的是英国国王詹姆斯一世的钦定本《圣经》。信徒接受《摩尔门经》为他们的经文，因为他们认为现在的《圣经》是错误的，并且认为他们比其他基督徒拥有更多的来自神的信息。

[2]好生之德，爱惜生灵，不事杀戮的品德。典出《尚书·大禹谟》：“与其杀不辜，宁失不经，好生之德，洽于民心。”晚清传教士译著，尤喜征引或化用《尚书》和《孟子》的句子。

[3]涯涘，边界、尽头。《庄子·秋水》有：“今尔出于涯涘，观于大海。”

第六章　泰西教化上

泰西教化大行，多成亘古未闻之大事。故如万国通商也，造机器以造物也，银行也，国债也，水陆舟车通道也，立学校以教人，男人皆读书识字也，数京金资本之贸易，数万人佣力之工肆也，皆新气之所沾濡者也。虽然，奇至此矣，近代一二百年间，方兴而未艾矣，而不知本原之地，有先立于一二百年前者，莫谓今人之远胜古人也。

法国仕途中人恒言："似此新事，皆从吾国改革旧制而起。"而工艺之徒则曰："近代一二百年之事，与古代绝不相干。"是皆至浅极陋之说也。苟无历古植其根，安能至今结此果？故今之新工艺、新法度，嘉果也，非新根也。或问："此根植于何时？"则曰："罗马古国初废古教之时，即有救世之新教，浡然而兴。"回溯罗马古世，本自有其教法，行之日久，有名无实，奄然就废。即使该撒[1]志兴古教，民皆视为无足重轻，惟因愓[2]于淫威，姑向诸神膜拜耳。于斯时也，厥有基督教，自犹太国远传

[1]该撒，即恺撒（前102—前44），罗马共和国末期的杰出军事统领、政治家。前44年，恺撒被暗杀身亡。恺撒死后，其甥孙及养子屋大维击败安东尼，开创罗马帝国并成为第一位皇帝。

[2]愓，戒惧、害怕。

而入，前后凡三百年间，信从日众。该撒常悬为厉禁[1]，而终无济于事，甚至杀一而增十，杀十而增百。不但该撒不能制，即合各处之人力，亦终无能为役。盖基督教中人所讲者，求合天心之公心也，他人但有私心，私自不能与公敌，且又博施济众之普心也。众人但存偏心，偏又岂能与普心敌。然当时罗马国中，号称明哲之士，皆不解救世教[2]能力之所存，因言：信其教者，皆愚民也。任其传播数十年，自音沉响灭矣。于是更有著书立说，力辟而痛诋之者。噫嘻！以若所为，是任最有能力、善于变化人心之事，置其目前，而竟孰视若无睹也。其愚也可悯，其瞽也又可嗤矣！

且此教之兴，非恃有绝大才人，著书以阐其理也，又非纠聚多人，避世以修其道也。徒以得道之人，与他人迥乎不同。既不惧帝王之禁令，更不惜一己之身家，惟知恪遵天命，虔修救世之事，宜百折而不回耳。至欲究其能力之所存，则即近世欧洲中，以博学著名之士，亦或未能确指。然卒无一人焉，不知其能之实驾于世人万能之上也。

当中国元明之世，泰西以博学称者，无不奉基督为真宰，此非一人之夸词也。试深究乎泰西之史学，灼知[3]基督临世而后，救世教独主于欧洲，不论政治风俗，经商赴工，以及万般善法，皆受教化之辖制。且相沿一千四百余载，未尝失坠，是故含生负气之伦[4]，皆知无穷之事，

[1]厉禁，严禁、禁令。

[2]救世教，此处是指基督教，基督“Christ”原义即是救世主。

[3]灼知，明白了解。

[4]含生，拥有生命。含生负气之伦，一切有生命者，这里指人类。北齐颜之推《颜氏家训·归心》有：“含生之徒，莫不爱命。”

必受临乎人上者之统率，亦越于今，泰西教泽涵濡，凡新兴之诸事，实皆生于当日之灵根[1]也。乃或者曰：当日既有此灵根，何以不先结嘉果？直到千余年后，庶事大兴之日，竟尽归其功于教化，而指为明效大验者，何也？噫！为此说者，抑何识见之褊浅[2]也。天下有大事焉，收效必不在目前，且所事愈大，收效愈迟，历代皆然，屡试不爽。曾是教化之大，而能今岁试行，明年收效哉！

泰西格致家，大半专讲利己之事，语以安民治国之道，举不足以撄其心[3]，然究其从出之源，则亦基督教之伟烈[4]也。历代古人，倚仗临于人上之权，即知盈天地间，有无穷之能力，更有无限之妙法，又知总理天地万物之主，秉好生之德，具普爱之仁。迄于近四百年，人遂多研究天地万物之理，而渐得其益，且愈明其理，愈能生有益于人之法矣。

若综基督教之大要，有二道焉。一曰：万事必听天命，断不可擅自妄行。一曰：爱人如己，己得所益，必告诸人。此二事者，考诸古史，具有明征，而即此以推，确知人世之兴，又有万不可缺之二理。其一曰：必有临乎人上之权，以隐摄取乎人心，使人不敢逆其命。其二曰：研穷性理，无人能阻，且任意求之，即任意传之，似此明白

[1]灵根，智慧、灵性。清代龚自珍《己亥杂诗》之八二有：“龙树灵根派别三，家家榔栗不能担。”刘逸生注：“灵根，指佛祖，这里具指龙树。”灵根既然指佛祖，这里也可以指基督教的上帝。在他们的教义里，这是一切的本源。

[2]褊浅，心地、见识等狭隘短浅。《楚辞·九辩》有：“性愚陋以褊浅兮，信未达乎从容。”

[3]撄其心，撄，即扰乱或干扰。撄心，即是扰乱心神。《庄子·庚桑楚》有：“不以人物利害相撄。”

[4]伟烈，伟大的功业。

晓畅之二理，不论东西各国，苟缺其一，世界不能长进，人与国亦无从兴盛。

泰西各国善士，于遵天命以修人德之理，既皆能滔滔宣讲，众人亦入耳会心，乃至四百年前，尚有天主教皇者，不知遵天命，又不能体上帝好生之德，而惟欲使众人之敬畏，遂拟天命于皇言。众人心大不服，皆谓：天命为先，人言为后，修德为本，守律为末。而欧洲北境，即别设复元一会[1]，力矫教皇附会圣教，自便私图之失，是亦于泰西教化中，显其大用大效之一端也。

更溯基督教初行于罗马之时，罗马声名鼎盛，而与其四周之各国，专以穷兵黩武[2]为雄，乃基督教徒既至，白战[3]不持寸铁，竟历败善于用兵之国，使之尽归天国，于以兵气[4]销尽，而化为学校中之善气。及至近百年来，泰西又盛称兵事，然决非泰西教化中本有之义也。此种嚣陵[5]之习尚，大半起于法前皇拿坡伦[6]之贪权，基督教徒忧之深矣。

再考中古之世，希腊罗马诸国，以崇拜多神为设教之法，而不知有临乎人上者，全权全能、更全乎其好生之德

[1]复元一会，此处是指新教，即Protestantism（抗议宗）。

[2]穷兵黩武，滥用武力，肆意发动战争。三国魏曹丕《诏王朗等三公》有：“穷兵黩武，古有成戒。”

[3]白战，空手作战。

[4]兵气，战争的气氛。唐代王昌龄《宿灞上寄侍御王与弟》：“昨闻羽书飞，兵气连朔塞。”清代钱谦益《后秋兴之四》：“过禽啁哳衔兵气，宿鸟离披逗暝阴。”

[5]嚣陵，即嚣凌，意为喧嚷争竞。

[6]拿坡伦，即拿破仑（Napoléon Bonaparte，1769—1821），法国军事家、政治家与法学家，在法国大革命末期和法国大革命战争中达到权力巅峰。

也，乃又不知教人以自主。故二国中遂有无数之庸奴[1]，更不许各人自以其意，究心新法，民气益委靡不振。或谓希腊创行民主之政，今欧洲各国，尚复被其遗泽[2]也。似也，然希腊之民主实大异于今世。推原其故，无非教术之乖，遂不获臻郅隆[3]之治也。

又如印度国者，相沿喀私德[4]之古规，祖父曾操何业，子孙断不许改，外人若与之交，任民劫掠无禁，且人尽勒充卒伍，专图利己，不顾害人。风俗如此，岂能久安而无事？至其在朝之官吏，多藉祖父之余荫，白户[5]万难幸致。故其国之人，不知公心为何物。罗马兴于欧洲，以富家奴婢之成群，列于政典，故全国之人，得以自主者，仅得其半耳。且自主之人，亦惟知黩武穷兵[6]，不知道德为何物。私心默计，但冀残毁人国，微其赋税，以裕生计。其入市而贸易者，尽奴才也。国中之大小工程，亦惟奴辈任之，世家富室之人，与夫军中之将弁，皆贱视工商诸艺，万万不屑染指。下此之平民，则万事皆听官命，死生祸福，皆不自由。无一人敢谓，我实自主也。似此大弊，皆起于好战之一心，迟之日久，国中只有官权。故一

[1]庸奴，见识浅陋之人。含有鄙夷之意。

[2]遗泽,留下的德泽。

[3]郅隆，昌盛，兴隆。汉代司马迁《史记·司马相如列传》有：“文王改制，爰周郅隆，大行越成。”司马贞索隐：“郅，大也。隆，盛也……以言文王改制，及周而大盛也。”

[4]喀私德，即印度的种姓制度（caste）。这是古代世界最森严的等级制度，分四个等级，在地位、权利、职业和义务各方面，有非常严格的规定。清末谭嗣同《金陵听说法》有：“纲伦惨以喀私德，法会盛于巴力门。”“喀私德”一词，便是从李提摩太所译著作而来。“巴力门”，即是英语的“parliament”（议会）。

[5]白户，平民百姓的家庭。

[6]黩武穷兵，滥用武力、肆意发动战争。

半之奴，无论矣。其半虽曰非奴，而悉听在上者之指挥，亦与奴才无异。流极既衰，富者日富，贫者至苦难言喻。若统其全国而言，虽大有权，实大无道，于民无益，于事有害，明眼人从旁默察，惟愿茫茫尘世，不再有此景象耳。

有人推论及此，因以二事相质。一曰："目下泰西之教化，何以异于罗马之古教？"二曰："泰西之今教，既异于罗马之古教，试问递相改变者，在于何事？"则请正告之曰："泰西今教，与罗马适相反。罗马古教竞蓄多奴。泰西今教，不但知民皆平等，务欲释奴自主已也。释其身者，更释其心。国内政教之所措施，风俗之所好尚，任民各出己见，择善而从。且非偶然之事也，历数百年，未之迁改。"

试考各国今定之律法，而知民权之益大矣。四百年前，泰西尽释诸奴，官权亦渐贬抑，田主财主之权，相随锐减。溯其阶级，先有中等之商人，兴于国中，渐创世家上等之权，继有下等之农工等人，兴于郊外，又渐减中人以上之权。故泰西之新律，悉为平民而定，似此优先，实为古来之创局[1]。

且其权之均于业者，不第定律之优待已也。小民得操举官之权，亦与上中诸等人，无分轩轾[2]，似此新律，虽夺上等之权力，以均分于平民，然又非使之无争也，而实

[1]创局，谓前所未有的局势或局面。清代王韬《变法自强》下篇有："居今日而论中州大势，固四千年来未有之创局也。"

[2]轩轾，车前高后低叫轩，前低后高叫轾。引申为高低、轻重、优劣。语出《诗经·小雅·六月》："戎车既安，如轾如轩。"朱熹集传有："轾，车之覆而前也。轩，车之却而后也。凡车从后视之如轾，从前视之如轩，然后适调也。"

使之互争，且更甚于昔日之争。譬诸互较超距之艺[1]，昔者只限若干人得入广场耳，今则无论何人，皆许入场以角艺，此非导以争端之尤乎？藉曰：“使之无争，是使之不进也。曾是泰西教化而若此乎？”

古世之充奴仆者，国家即使大兴，依然婢膝奴颜[2]，毫无望于子孙之宝贵。即至今世，凡守喀私德陋规如印度者，贱民[3]亦不得沾兴国之利。祖父身充贱役，子孙惟仍执贱工耳。要之，龂龂[4]于分等者，无论阛阓[5]之商人、庠序[6]之士子、廊庙[7]之官员，大都因陋就简，国即缘之而坐困，断难望其振兴。泰西诸国知之，去其阻兴之大坝，国势蒸蒸日上，试稽西史，一目了然。由是以推，凡代人开路通商，或任人自兴新法，皆兴世之枢机也。

---

[1]互较超距之艺，似是指赛跑。

[2]婢膝奴颜，卑躬屈膝谄媚奉承的奴才相。

[3]贱民，上面注中曾提及的印度种姓制度，将印度社会上的人，依其出身、地位和职业等分为四种人，在此四种人之外，便属贱民。

[4]龂龂，争辩貌。汉代司马迁《史记·鲁周公世家》有：“甚矣鲁道之衰也！洙泗之间龂龂如也。”裴骃集解引徐广曰：“盖幼者患苦长者，长者忿愧自守，故龂龂争辞，所以为道衰也。”

[5]阛阓，即街市。

[6]庠序，泛指学校。殷代叫庠，周代叫序。《孟子·梁惠王上》有：“谨庠序之教，申之以孝弟之义。”

[7]廊庙，殿下屋和太庙，代指朝廷。《国语·越语》下篇有：“谋之廊庙，失之中原，其可乎？王姑勿许也。”

第七章　泰西教化下

泰西教化之隆，释奴而任其自主，一也；人得自以其意，经营商业，国家概不阻挠，二也；明人共操举官之权，官不得以私意相钤束[1]，三也；风俗即久相沿袭，而凡有益于人之事，不妨除旧更新，四也。似此荦荦数大端[2]，岂竟缘人民学问日深，而驯致于高明之域哉。推原本始，实起道心。此道心者，实贵贱之所同具，既共知旧染污俗，不合大道，即如芒刺在背[3]，逐渐改正，然后即安。且夫泰西之道，何自昉[4]乎？曰：有二源焉。一为罗马盛时救世古教[5]，当中国汉代以还，遍行于欧洲四境，历一千数百年之久。而当中国明代，救世今教兴焉，遂改旧法而为新法。考救世古教，华人称为天主教，而称今教为耶稣教。学识较浅之士，观此二教，以为适相反也，而不知其同具奉天救世之心。所异者，惟在前后古今之风会耳。

当古教之初创也，凡能通泰西史学者，皆知其救世

[1]钤束，管束、约束。

[2]荦荦大端，清楚、分明的样子，明显的要点。汉代司马迁《史记·天官书》有："此其荦荦大者，若至委曲小变，不可胜道。"

[3]芒刺在背，亦可省略为"芒背"，形容极度不安。《汉书·霍光传》有："宣帝始立，谒见高庙，大将军光从骖乘，上内严惮之，若有芒刺在背。"

[4]昉，起始。

[5]救世古教，与下文的"救世今教"相对，分别是指罗马天主教和新教。

之大旨，惟以爱人为主，又知当时诸国之人，皆分入主出奴为两类。主人之待奴仆，直与禽兽无殊。救世教中人则曰：此非天意也。天之生人，岂分主仆。冥漠[1]降监[2]，不异弟于兄，是善气凝薰，孚于遐迩。顾当时之官吏，仍不能保护而襄助之者，则何也？闻诸舆论，皆以为皇帝之法律，即本于上天之命令，乃救世教专讲人理，不讲王法。彼眼光如豆[3]者，不知讲理之有益于我也。只觉皇帝所定，祖宗所传，业皆由于天命。此种人出而讲理，必将损及我等。骤而观之，莫不叹先民之愚蠢。实则当日之民，其识见之所及，与夫相传之教法，不过尔尔也。且当日之官吏，只知自保其国，乃教中人欲去其为己之心，易而为救人之心。更推而广之，以自保一族之心，易而为同保一国之心。甚且推至各国，推至他洲，而人心遂与天心相合。然返诸罗马各处之旧教，则大不相同矣。故民皆群起而攻之，官亦不得不袒民而逐之。

迟之既久，人渐知救世古教之益，且有谓世间不论何教，皆不能及者。教士又宣讲其理曰：人之生也，住世百年，特小事耳。百年之后，千年万年大事，大莫与京[4]。又曰：事奉一国之主，仅小节耳。敬信万国之主，大无与比。职此之故，即有避世潜修之士，更有著书劝人讲学疗疾等事。其救苦救难者，法天也。其救贫救弱者，亦法天

[1]冥漠，即死亡。

[2]降监，即降临下视。出自《尚书·微子》：“降监殷民，用乂仇敛，召敌雠不怠。”孔传有：“下视殷民。”孙星衍疏：“言下视殷人，所用治国者，惟以聚敛为事。”

[3]眼光如豆，指眼光窄小、见识短浅。

[4]大莫与京，指大得无法相比。莫，没有谁。京，大。《左传·庄公二十二年》有：“八世之后，莫之与京。”

也。回念救主耶稣在世之日，救苦、救贫、救弱，显为我辈之模楷[1]。于是帝王之尊，卿相之贵，石崇、猗顿之富[2]，往往捐弃[3]财产，收养贫民，冀上合乎天心，而即下安乎一己之心。又念救主耶稣有言，善待贫人，即如善待己身。故甚至有原为贫民洗足，以效法救主者。此诚为人谋之登峰造极矣。

中国明代，救世今教出，更不肯营私以利己，且救世古教，昔只自行其善耳。至此，则更欲阐明妙绪[4]，使众人悉为人谋。故改定国律[5]，固期有益于众也。其移风易俗也，亦然。与救世古教，初非歧而二之，实则愈推愈远，收效乃倍见其宏也。

或曰：教士自诩行仁，而专以救贫为主，不知贫民者，皆无能之辈。好仁而不知义，非徒无益，且反以害之也。噫！以若所言，诚浅之乎测救世教矣。救世教救人之心，非但救一二苦人已也。遇事皆思舍己救人，迹其好善之量，直可优于天下。故古时罗马国中，亦不乏心存救济

---

[1]模楷，即楷模。

[2]石崇、猗顿之富，典出汉代贾谊《过秦论》：“才不及中人，非有仲尼、墨翟之贤，陶朱、猗顿之富……”石崇曾与贵戚、晋武帝的舅父王恺斗富。石崇（249—300），字季伦，小名齐奴。渤海南皮（今河北南皮）人。西晋开国元勋石苞第六子，西晋时期文学家、大臣、富豪，“金谷二十四友”之一。早年历任修武县令、城阳太守、散骑侍郎、黄门郎等职，吴国灭亡后获封安阳乡侯。后任南中郎将、荆州刺史、南蛮校尉、鹰扬将军，在任上劫掠往来富商，因而致富。猗顿，春秋时鲁国人，战国时大富商。他曾向陶朱公范蠡问学，求得致富之术，后经商积累了很多财物。范蠡助越灭吴后离开越国，隐居在陶，以经商致富，自称陶朱公。

[3]捐弃，丢弃、抛弃。

[4]妙绪，指前代好传统。《晋书·文苑传·李充》有：“逐迹逾笃，离本逾远，遂使华端与薄俗俱兴，妙绪与淳风并绝。”该词也指精妙的思想。此处两者皆通。

[5]国律，国家的法律。

之士，但大半专顾本国，不暇顾他国，岂暇顾他洲。若至近世各国，仍各自顾其国人，恐不转瞬间，天下必有纷争之祸。于是有修明武备，思以一战强其国者。即有同心御侮，究心于无益人世之事者。幸有救世今教，设法以救众人，而俾各国皆有机会，以成有益于人之事。仁人之溥如此，开辟至今，莫与伦比。且又不但仁心之溥而已也，古往今来，更无有似此明效大验者。

惜哉！施本思之讲道学，不能洞晰[1]其理也。故其言曰：近来泰西之教化，有二事焉。使各人皆有平等之权，以尽得各种之利，一也；设法使众人公利，不使一人或一种人专利，二也。似此二事，非相反乎？噫！施本思殆未明二者之理耳。试观英美二国，每岁所行之善事，绝后空前。但就伦敦一地而言，岁集英金五兆镑，充博施济众之用。外此，又有无数善会，且每月必出新会，以匡不逮。至于他国，亦复如是，平权公利，直并行而不相悖矣。

更考为人谋之善心，必由释奴一事，发见昭著。既而英人闻他国之民，有备受苦楚者，往往代设解免之法。且也，泰西各报馆主笔之士，见人如在倒悬[2]，恒作论说，大声疾呼，劝人解救。又如大荒之年，意外之灾，害人之恶俗，亦必操觚[3]记述。此非为己也，为人也。且不但待人也，更推仁心以及物。试问似此诸事，若非道心酝酿，人即具有学问，岂肯漫相干豫哉。

---

[1]洞晰，犹洞悉、明白清楚。

[2]倒悬，头向下脚向上地悬挂着，比喻处境非常困苦危急。有成语“解民倒悬”。典出《孟子·公孙丑上》：“民之悦之，犹解倒悬也。”

[3]操觚，是谓写作。陆机《文赋》：“或操觚以率尔，或含毫而邈然。”李善注：“觚，木之方者，古人用之以书，犹今之简也。”

古之希腊，欧洲之望国也，乃家庭之间，仰事俯畜[1]，多以苛酷为主。远逊今人之仁爱，即亦无新法以兴其国。今泰西之仁心，日深月盛，遇事生新法以救人。有心问俗者，尝问仁心之大用，在于何处？凡以此为问者，必须忆及罗马当初之贫民，蒙省释而免于奴隶也。当其为奴也，衣食皆仰给于主人，既蒙省释得自为主，必求自为养，不得不与同释之人争。既争矣，又必竭力以冀其胜。是释奴一事，实使人不再禽处兽居，而使人自主，自创新法，自得其益者也。此非因有学问深沉之人，代之想度，亦非因有权力出众之官，财产富豪之主，欲设法以救诸奴也，实皆因有人传授天道，讲论良心，而明乎舍己救人之事也。故澈上澈下[2]以观各种之人，读史者应知救世教中之士，实为变法变俗之人，而使人各得其应得之利益者也。

救世教初传至欧洲时，为奴之人，直居其半，积之既久，欧洲南北各国之奴，尽行开释。此皆因教士讲道之时，常言：人为万物之灵，决非禽兽可比。又言：人生不论何等地位，或官宦之家，或奴仆贫苦之辈，毕竟毫无歧异。人既同此族类，上帝必视为真儿女，世人宜视为真弟兄，乃世俗谓为大同区别者，皆因王法与国俗之不善也。传道之人，皆作如此语。然当时之有学问、有权势者，皆

---

[1]仰事俯畜，《孟子·梁惠王上》有：“是故明君制民之产，必使仰足以事父母，俯足以畜妻子。”此处即谓对上侍奉父母，对下养育妻儿。亦泛指维持全家生活。

[2]澈上澈下，上下澄明、打通古今的统一。典出朱熹《答张钦夫》一信：“盖主于身而无动静语默之间者，心也。仁则心之道，而敬则心之贞也。此澈上澈下之道，圣学之本统。明乎此，则性情之德，中和之妙，可一言而尽矣。”朱熹之后的理学家，甚至是一般的儒家书生，都喜用此词。上引句，见郭齐、尹波点校：《朱熹集》（卷三），成都：四川教育出版社1996年版，第1391—1393页。

觉主仆之分，为天生自然之道，永不肯设法以施救。更有谓：既救若辈，孰为我役使者。一片私心，令人失笑。即如近数十年间，美国未释奴仆以前，无论官吏、士子，尝言：黑奴者，上帝命为白人佣力者也。故凡欲救之者，非官而非士也，传道之人也。传道之人云：上天有普救世人之心，故虽观其同侪，大有区别，而上天视之，实为平等者也。若使一等人历代受苦，一等人历代享福，必非天意。又云：人若尽得天下之财宝，而失其灵魂，究竟有何裨益？故上帝非观人外貌也，亦非观人有何功名，有何财势，有何学问也，但观人心之善否，以定等差。凡有善心者，皆上等之人也。无善心者，皆下等之人也。似此讲论，关系实无穷无尽。道既遍传于各国各地，然后为官者，亦渐丕变[1]其心，而非数世家代膺显职也。凡有地若干顷亩者，得操举官之权。又阅岁时，读书人及常人之能识字者，虽无地亩，亦得举官而未已也。又使各人如经商等事，得以自便，不必禀命于上。诸如此类，藉非有救世教之传入，曷以臻此。

百年前，法国大变之时，多谓：拿坡伦与当时之人，创兴大事，殊不知苟无人焉，先传道于欧洲。即使拿坡伦素其干才，与其当时之人，万不能成就大事也。故有多人，愿从拿坡伦以舍其身者，试问其故。则曰：我国受苦太深，实不能忍，他国亦同此苦，亦不忍受也。似此之心，皆从传道人宣讲慈心而起。故人皆言，此非天意也。执政者治国之不善也。甚至执政之人，亦自觉民言之有理，故行事似无力者然。若辈既知其误，即愿改而正之。

---

[1]丕变，即大变。《尚书·盘庚上》：“罔有逸言，民用丕变。”孔传有：“民用大变从化。”

且也，是时之官吏，所读书籍，又异于前，故当其年少之时，既读新学诸书，不但知本国列代治国之法也，更知各国历代之治法，不但知欧洲之书也，更知亚洲之书。故中华、印度之经史子诸书，亦尽究心焉。若辈既明新学，适遇民间之欲改旧政，即亦不甚阻挠。盖其心亦以为分所当然也。且既变矣，既速甚矣，旧日之法，一扫而空矣。

西国叛逆之事，历代在所不免。惟此次法国之变，较诸从前之变，大不相同。当时之气势，亦与前迥异。试观英国及他国，昔有多人，乐就武职，及至是时，各武官改讲贸易，改寻工艺，改创新机，其所用心而尽力者，大非黩武穷兵之比，而且古之奴隶，亦变为今之贫民矣。

英国改变正事，垂数百年，每变一次，必多让官权以为民权。上溯成法，宁有是哉。历代遇有大乱，削平之后，官权或因之加重，惟在英国，则反让权于民。然非因治国之人，不知政事也，亦非因英民之读书识字，今胜于古也，实因有教民识字者，驯至于今，并令人人皆识字，此皆起于慈心，怜人无识见，即无能力也。且知并非天之使人无知无能也。似此之心，亦从救世教而起，然后报馆递相讲论，使一国之人，皆以为不谬。然又非缘私心而起也，仍起于慈爱之心。又因共觉众人皆上帝之子女，不可茫无知识也。

凭权藉势之人，改定律法，乃能让权于民。此为亘古来罕见之事。其在欧洲也，久有人传爱人救人之道，不可倚势以压平民。服官[1]者，既知此道，不俟百姓之求，早自愿分权以给之矣。此皆因所传之道，讲天下皆兄弟，凡

[1]服官，为官、做官。语本《礼记·内则》："五十命为大夫，服官政。"

存道心者，俱常存救人之心也。近代欧洲工匠，多结党以求增工价，此非因到处有学堂，人人识字也。亦非工人之识见，大于前也。又非因各报馆之论此事也。且非因工作厂之日多，而国有铁路，远近人易于来往也。实皆因有人讲道之故。且曰：上下贫富，皆一家人，不可使有天壤之别也。故凡停工之人，先述其意，分刊各报者，因知上下之人，皆有爱心，而冀垂怜也。不然，何益之有哉？

国家之行政也，亦然。各国皆分新旧两党，而一以道为归。不然，即其同党之人，亦不肯服，何论敌党哉。乃彼存私心者，则曰：大权既在我手，我用之以利我也。究竟此权之能力较小，不如遵天命而溥善心于众人者，力较大也。

总之，为己之私心，不如体天为人之公心也。若欧洲执权之人，但皆专为己谋，此即如古世未受教化之希腊罗马诸国，专以权力逼人矣。是故世俗之学，有历代之长进，非专恃人之识见学问也。恃人之有道心，一也；道心从教法而生，二也；人既知为平等，彼此鼓励，益复前进，三也。

泰西教化之盛，开人智识，广人见闻，肇兴于四五百年前，惟以天道新民[1]耳。若论天主古教，与耶稣今教之别，不过有先后，有浅深耳。乃施本思误谓：救人之心，今胜于古者，皆因人习惯自然之故。德人韦师满[2]言：施

[1]新民，使民更新、教民向善。《尚书·康诰》：“亦惟助王宅天命，作新民。”此处有教育人民、开发民智之意。

[2]韦师满，今译魏斯曼，德国人，进化论哲学家、生物学者（细胞遗传学的创始人），反对“获得性遗传”学说。颉德慕其大名，曾于1890年夏天去德国拜访了他。这一次拜访，对颉德有深远的影响。这也是本书的写作起因之一。

本思讲此理，与动植物之学相反，必非正理。实则学而无道，只使人私心日炽，而忘众人。若欲以善及人，必于学问之外，培养道心，故凡私心胜者，不惜害人以利己，而道心胜者，则愿舍己以救人。此非从人心生也，生于天心也。假如施本思所言，人何学者何事，其能历代相传于后，如上代有好祖宗，则子孙必无劣品乎？又按韦师满言：人所学者，不必能传于后人，惟求精进于前人，则其所学者，必超出于平等之人。不然，则一代劣于一代矣。

第八章　今世养民策

欲论养民[1]之理，请再思上章所论之事。夫所谓动植诸物者，或经播种，或系孳生，同一土也，同一气也。弱者必灭，强者必存，此万古不易之常道也。舍物而论人，试稽史乘[2]之所流传，亦复同此理境。故凡争先者强，争新者亦强。强必胜，弱必败。强民之道，则有力大于身之二事焉。一曰："聪明才智，大半专为己谋。"一曰："道德仁义，兼顾代为人谋。"历代名邦，必皆有此二者。若使只存其一，则如鸢欲戾天[3]，忽少一翅，何以能飞？又使二者俱全，国即浡然[4]而兴。且才智愈大，道义益宏，国家亦必愈兴。此古今东西不易之大道也。

今世各国之人，互相讲论之第一大题目，厥惟养民。欲明养民之法，不能专恃法国之法也。昔者，法国人盛讲民权之理，爰推而及诸养民，于法国无不合也。既而忽复君权，置民瘼[5]于度外。且亦不可恃德国之法也，德国读

---

[1]养民，这里是指社会主义，本章原名"现代社会主义"。故而，也无怪乎研究资本主义和社会主义理论的马克思，在本章中被称为"养民学家"。

[2]史乘，《孟子·离娄下》："晋之乘，楚之梼杌，鲁之春秋，一也。"《乘》《梼杌》《春秋》本为三国之史籍名，后因泛称史书为"史乘"。

[3]鸢欲戾天，鸟欲飞至天上。鸢，即鸟。戾，至。有"鸢飞戾天"一词。

[4]浡然，旺盛的样子。

[5]民瘼，民众的疾苦。典出《诗经·大雅·皇矣》："监观四方，求民之莫。"

书种子，虽多论及此题，乃国家不许照行，空言何补。而又不可专恃美国。美国，新国也。所得之地大莫与京，地广而遂觉民稀，即无善法以弥纶[1]，民亦尚堪糊口。善讲养民者，其惟英国乎。英国富家，多醵[2]重金以立公司，从而工作以谋生者，亦复人多于蚁，即不得不亟立善章，以苏民困。是以一百五十年来，求新之士，设为新法，有益于养民者，既多且善。综其大要，如任民操举官之权也。如任大小商人，自治其事，官不敢加以阻挠也，如各城镇修路、派捕、点灯、通水、藏书、行车等事，官不与闻，惟由民公举就地之贤者，以利益本地之人也。又如为官吏者，得功名者，非属皇家，非属世家，而惟赖其人之才智，以跻于显贵之职也。且其使民间有举官之权也，又使男女无不识字，俾明其理，以行其权，是皆求新之明效也。原求新者之本意，视民平等，俾人人出其才力，即皆有上进之路。而不任世家大族，私铸横财。故官商士庶农工，各自有其平等之权。官吏只能保护其民，不受他人之害，而不能以官法之如炉，妄有所锻炼。凡英人讲富国策者，多主此说。即在他国，亦皆以英之善法为条。然而似此诸法，非偶然凑泊[3]而成也，先让举官之权于数万人，皆田连阡陌者也。甫越数年，增至数亿[4]人，田不必过多矣。今则人各有其权，前后相去，仅百年耳。此皆起于为官者之一片善心，不忍见人之疾苦颠连，始克造此地位也。

[1]弥纶，治理。

[2]醵，凑钱、集资。

[3]凑泊，凑合、拼凑。

[4]亿，古代十万为一亿。这种计数方式，与现代不同。下文出现的数目，也同样如是看。

然今尚万方多难，有为从前所未及知者。国家既任人不论贫富，自立章程矣，乃为时不久，即知有一等巨富之家，设立工作诸厂。其雇工时，特志在招揽多人耳。迨人集日多，工价自即日减。于是每日所得之佣值[1]，甚至不敷衣食，亦无奈甘心俯就。噫！操是术也，以往是一国之权势，不在官吏，而转在醵金设立公司之富室矣。况乎积日累月，即有天良尽丧，不顾民之受无量苦者，更就名城巨镇、立一大局，将民间所有之粮食，尽行囤积以居奇。既又囤积金银等类，独操龙断之求，更或施诸日用之煤油，先问出油处所，全行包揽，遂成民谚所谓独行生意也者。其他一切用物，亦复如是。先为一城一镇之独行，后为一国之独行。迟之又久，竟为全洲全地之独行。价值任情操纵，忽贵忽贱，惟利是视，万民乃莫不受害矣。

民众遭富室之诳，物价既日贵矣。工价又从而日贱，贫民不得不求一线之生路，立工匠会以勒加工价。不料若辈正在创议之际，富室即下令闭门，先停工作，若辈无所得食，其苦更不堪言喻。

富国之旧法，既不可行。乃创为新法者，又有害于民生。于是一国之人，无分贵贱，皆谓工匠同是人也，岂可听富室任其私意，威福由己。国家乃为之代立工章，稚子则不许入厂也。入厂工作之人，日仅八点钟也。工价之极廉者，以某数为限也，皆所以子惠困穷[2]也。国家又别立一法，多数贫民以识字，而使贫者可不终于贫。不但此

[1]佣值，受雇的工钱。

[2]子惠困穷，向困穷的人施以仁惠。典出《尚书·太甲中》："先王子惠困穷，民服厥命，罔有不悦。"子惠，慈爱、施以仁惠。

也。国家更定新律，预杜[1]富室苛待贫民之弊。所惜求新之官，至今仍无有甚著名望者，能为之振臂一呼，广设养民之法耳。工匠会知其然也，乃共私订严律，求国家俯准照行，俾贫民免受大害。

回溯昔年求新诸官，创定新法，任人各自尽其心力。官不加以阻止。今既知此法既行，实归其权于富室。贫民虽明有举官之权，实则依然受苦。于是有别求善法者，顾瞬息间未有当也。

德国讲求养民学者，有名人焉。一曰马克思，一曰恩格思[2]。又有美国人伯拉米[3]者，即著《百年一觉》奇书者也（广学会译其书）。若辈立言大旨，非欲助世人更得新法，高于历代之法也，亦非借民力以教民新法也，惟欲除贫富相争之法。此法果除，觉百姓自无苦难，自然福祉日臻，坚强独立。人之闻其言者，大半觉相争之法，实为民祸之原。若辈所言，无可驳辨。但养民学家，又深知遍地球一千五百兆人，每岁以生抵死，百人中必多一人。假如今年出一法，可以均财，人人皆可度日，但仍任人孳生如故，明年必又增一千五百万人，此辈衣食何来，不将又肇争端乎？抑将重设妙法以养之乎？故伯拉米所称太平之法者，恐反致年年不得太平也，则奈何？或曰："古有一二国，设为不使人孳生日广之法，俾历代人数适相等。

[1]预杜，预先杜绝。

[2]恩格思，即恩格斯（Friedrich Von Engels，1820—1895），德国哲学家，马克思主义的创始人之一。他在马克思逝世后，帮助完成了马克思未完成的《资本论》等著作，并且领导国际工人运动。

[3]伯拉米，上文作"柏辣弥"，即爱德华·贝拉米（Edward Bellamy）。上下文的译名并不统一。

既相等，即无比赛；既无比赛，即不必思新法以求进境。然试问似此不振，国势能免予堕落乎？且环视各国，依然相赛而相先也，又奈何？若夫争进之理，前数章业已备述，不必再赘。但有人谓，似此立论，依然空言无补也。人生在世，五洲种类虽异，而断无不思比赛之人。越在今世，历代增人日多，不得不创伊古未有之法。且养民学家所讲，非为后世之人计也。大半专为当境之艰难，以求解免。要知当今第一要事，即在民间之佣值。按其所应得者，或不过得半而止。其半尽为醵金设立公司之富室，日渐侵蚀，以充成本。积之既久，竟成亿兆京垓[1]之巨款，甚至富于帝王岁入之帑。贫民则为其剥削，所得之值，或至不敷糊口，其或患病，或遇他艰，囊无余资，安能存活？若求富室倾助，则谓其人既不为我作工，岂能空予以钱？于是贫富报仇，几成不解。此为近代各国第一难处之事，迄尚未有善法以处之也。

小贩受总行之吞噬，不止一业已也，各业皆然。彼醵金之大公司，办事各有次序，大有规模，直如名将之练兵，行列森然，无懈可击。故其为首之人，必日以富，而贫民则必日以贫。但既有诸富室，练习万般工艺，贫民于困极之时，即借其向所练习之者，以反制乎富人，使之不得不按公道以分财。恩格思有言，贫民联合以制富人，是人之能自别于禽兽，而不任人簸弄也。且从今以后，使富家不得不以人类待之也。民之贫者，富家不得再制其死命也。此言也，讲目下之情形，实属不刊之名论[2]。

---

[1]亿兆京垓，古代十万为亿、十亿为兆、十兆为京、十京为垓。此处极言众多。
[2]不刊之名论，“不刊之论”即不可改易之论，确论。

人世本有大病，急宜设法以除之。除之之法，惟为拯济贫民耳。特是贫富相争之事，本非创见，亘古以来，各国皆同。所异者，相争之法耳。今世之贫富相争，或谓到此时会，万国相通，在所不免。或谓此非出于自然也，属有奸商龙断其间，不顾人之疾苦，以致于此。但似此之争，无论其何因而起，必有一法，可以挽救。昔人议论及此，大半只目为贫富之相争，而忘却世人历代之讲道德。凡讲道德者，则曰："人不论贫富，皆上帝之子女。上帝不观其贫富，而观其善恶也。"久而久之，人皆不以财势为主，而以德行为主。凡各工人，既各有举官之权，将来必举有德之人，服官以改律，苟使人不恃乎大道。而但各出其私心，以相争竞，则使有权者之私心，与无权者之私心，彼此相仇，而仍有权者必胜，与历代无异也。但近代著书作报之士，治国办公之人，无有敢明言我恃私心者。此皆因今世之人，不论贵贱，皆众口一词曰："必救苦难。"此可见天道之散布于人心矣。

千年以前，欧洲竞修武备。迨天道遍传于各国，用兵杀人之心少，读书救人之心多。即至百年以前，虽有拿坡伦起而练兵，传至于今。欧洲各国，浸成风会[1]，练兵仍不见少。但原有练兵之心，不在杀人以利己也，在于防人之效法拿坡伦以害己也。若验民心，至今实愿敦崇睦谊[2]。其用兵也，出于无奈也。万国万民，既皆有弭兵[3]之心，善士创立之弭兵会，必可期其有成矣。

[1]风会，风气、时尚。

[2]敦崇睦谊，敦崇即崇尚，睦谊即亲善之谊。

[3]弭兵，平息战事、停止战争。

若细察养民之本始，厥有不可志之二事焉。一曰：“养民之法，今善于昔。”二曰：“似此善法，皆因比赛而生。”

欲知第一事，先考数千年前之古史。当时各国之君若民，每欲占取他人之地，抢掠异族之牲畜财帛。兵连祸结，类皆缘之而起。又考欧洲一千年前之新史，当时之小民，大都贫迫无聊[1]。于是，世家大族，得任意以使令之，故贫民皆奴隶也。有王者兴，立法亦不甚善，贫民仍受其暴虐。独至今世，英法两国之贫民，绝胜于百年而上。英有救民之人，氏曰吉芬[2]，创立一表，开列五十年前贫民所得之工价，迤逦[3]以至今日。但见工价则岁有所增，而物价则岁有所减。于是工人蓄积之财，存诸小银行者，日见其富。其居处亦日洁而日精，逐日捞劳时刻，与夫操劳之苦，又日少而日轻。其识字也，则日多。其工暇而寻乐也，又日觉其去恶而从善，甚至服官政者。更谓：赤贫之人，亦可拯救。回念贫民先世备尝之苦况，今将悉遁诸无何有之乡，藉非善机洋溢，曷以臻此？至于法国昔年，以荒歉[4]为常事，今则久未有闻。昔者法民食皆粗粝，衣皆敝垢，所居皆湫隘[5]，至今则有胜于前五倍者，

[1]无聊，并非今义，此处是指生活穷困，无所依赖。

[2]吉芬，是指罗伯特·吉芬爵士（Robert Giffen KCB，1837—1910），英国统计学者、经济学者、新闻工作者。1862—1876年间，曾为当时伦敦几大报纸（如《泰晤士报》和《经济学人》等）的编辑。这期间的工作，为其赢得了巨大的声誉。1876年，受命于英国政府，任商务部统计处的负责人，此后升为商务部副秘书长（1882年），最后成为该部门的最高领导（1892年）。1882—1884年间，吉芬爵士出任皇家统计学会的主席。本书作者颉德也隶属于该学会。

[3]迤逦，延伸、逐渐。

[4]荒歉，即荒年歉收。

[5]湫隘，低下狭小。湫，下。隘，小。

更有胜于前十倍者。

更考今之英国，见富室之得财太易，而贫民仍太多也，因欲设法以均财。均财之法，非取富室之财，以予贫民也。假如一人身死，遗留五百镑之产业，国家百取其一；有一千镑者，百取其二；有一万镑者，百取其三；有二万五千镑者，百取其四；有五万镑者，百取其五；有七万五千镑者，百取其五；有一亿镑者，百取五五；有一亿五万镑者，百取其六；有二亿五万镑者，百取六五；有五亿镑者，百取七；有一兆镑者，百取七五；有一兆镑以上者，百取八。国家岁有此款，不必多取诸贫民，则财不均而自均矣。又以法国言，法国全境，约如中国西省之广袤，而其民可岁入英金一万镑者，约七八百人，岁入二千镑者，约一二万人。西历一千八百六十九年，迄于八十一年，前后凡十二年间，国债则陡增一倍，但其富家集资于国者，则增四倍。其愿购国债券者，亦复岁有所增。巴黎都城中国债券，以一股为一纸者，约居其半。至于民间之居室，共有八兆三亿五万余座，其中五兆四亿六万座，皆己产也。较之赁庑以居者，实占百分之六十五。此皆法人先贫窭[1]而后饶裕之实证也。而即此可见泰西济贫之法，虽未十分美备，然较之昔年，则已深入佳境。所谓养民之善于昔者，此也。

若论比较而生之第二事，试观泰西诸国，设为减官权以增民权之法，民间几有求必得，而无扞格[2]之忧。然求益者日见其多，比较之事，必因之而愈盛。此不仅一二国

---

[1]贫窭，贫乏、贫穷。

[2]扞格，互相抵触、格格不入。

然也。英美为最兴之国，亦复如之。民愈有自主之权，斯愈恢其比较之理。回溯昔年，欧洲俗尚，皆重武而轻文。王政既行，昔之以多蓄奴仆为富者，一旦释令自主，昔多巨室，历代食其采地之禄，俨若诸侯。沿及孙曾，附近贫民，多听号令。甚至农工商贾，亦皆受其指麾[1]。迨至教化大行，人渐知自主之重，居邻巨室者，皆得无拘无束，且昔当举官之年，操举官之权者，即此富室也。终窭且贫之子，丝毫不得与闻。今则几尽人而操举官之权，而因各自有其权，每作一事，彼此常相比较。逆料[2]后世众人，不但隶王法之下，而为平等之人，更得举官而有平等之权已也。凡事须得平等之机会，又不但宦家富室，及读书士子，各占利便已也。人各有其机会，以规利便，故所趋之途虽异，而利便则同。似此大同之景象，今共神游目想，未知何日可偿虚愿。然职是之放，而泰西今日措置[3]诸事，尚属权宜计耳，试申论之。

泰西数百年前，欲民得伸自主之权也，乃先分以举官之权。其始，一国中得举官者，仅数百人，后乃增至数万人，今则几尽人而有之，是已得民皆平等之道矣。后此之所宜辨论者，则在求贫富之平等。今之富室，田连阡陌，贫人无立锥之地。富室金银山积，贫人半菽[4]不饱。特初非富室之有心龙断也。昔年之大权，操于宦家，寄予富室，今则官权已削，富家又不得畜奴如牲畜。王法亦属平

[1]指麾，即指挥。

[2]逆料，预料、预测。

[3]措置，安排、料理、处置。

[4]半菽，谓半菜半粮，指粗劣的饭食。汉代班固《汉书·项籍传》：“今岁饥民贫，卒食半菽。”菽，豆子。

等。独至无穷之财利，仍存世禄之家。欲求得一平等之机会，实属戛戛其难。爰有政学家起，众口一词云："欲使今人胜予古人，只有比较之一法。不然人皆习于懒惰，自堕于贫苦窟中耳。然不可如目下之比较，但见贫富之差，几如天壤也。又不可贫富之适均，宜使有财者之处境，仍略胜于平人，则人仍率其昔年比较之常，彼此兢[1]求进境，即藉以为鼓励人才之道。不然，则大将自以为知足，尽舍新法而不求。譬之于水，略有攲侧[2]，自然流通，所谓流水不腐也。若平甚而水不流，天下尚有生气乎？然如今日之富室，特其财力，专务奢华，不顾人之疾苦，使人何以堪之？此泰西政学家目下所论之情形也。

由是观之，知其旧气之犹未尽涤，而平等之机会，尚未有望也。试思令之发大财、执大权者，非富室乎？举一切之人所宜求者，非尽出富家之手乎？一国之中，富家之外，无人能得大学问，亦无人能交结名流，以增其大识见，是诚大不平之事也。故泰西各国政府，往往设法以减富人之权，而增贫民之权，免目下大不平等之景况。更欲定一新律，俾工人每日作工时刻，以八点钟为限，亦皆原本于此心。其行政也，又欲使富家纳重税，贫民如不知有赋税然者，亦维此故。又缘世家大族，昔之共恃豪强也。今欲改其制度，亦缘此故。更有初年之书院，本属为民而设，不甚令多糜修脯[3]。乃迟之日久，各种有名大书院，尽归富家之执掌。富家子弟，即尽入肄业其中，贫民无从

[1]兢，小心、谨慎。有词组"兢兢业业""战战兢兢"。

[2]攲侧，倾斜、歪斜。

[3]修脯，旧时称送给老师的礼物或酬金。

顾问。此又富家大不平等之根源也。今欲改之，直可云：大书院中读书人，如昔年之财主，不获入院者，则如昔年之奴隶。此非因人类之分贵贱也，人心有明昧之分，国家亟宜改之。更查泰西近百年来，凡富家子弟之读书者，常阻遏养民各新法。俟至他年，新法既成，则当天良发现之时，不得不称为善事。实则求新以养民之人，大半非席丰履厚[1]之世家也。出于中等之人，及平民之力也。亦非若辈之高出于富家也，若辈多具体天心，讲天道，含己救人之心，不忍民受万般之苦，而必欲求新法以养之也。异日者，欲使万民尽得平等之机会，国家必别改制度，不可再学富屠之浅法。彼浅法者，任富人之簸弄贫民，如贬损工价，抑勒[2]工时，促隘[3]工人之居处，漠视工人之老病，国家全不顾问。呜呼！于保富之道，则得矣，其若济贫之无术何。

欲改制度以养民，必先使民有平等之机会。若就目下而言，国家必须多掌各项工程。又必设立新章，以免贫民之受害。但国家又不可自立工厂也。自立工厂，即绝民间比较之理。此理既绝，仍害于民。若能别立善章，无害于民，而有益于工，则将来仍由富室多设工厂，乃使人互存比较之心。夫比较之心，即斯民获益之源也。但富室之立工厂，大半专求己利，非为人谋。故国家必设法以新民，务使上、中、下三等之人，不以利心为重，而皆知仰体天心，俾众人悉受其益。然若无善讲天道之人，国家无论设

[1]席丰履厚，亦作“席履丰厚”，谓生活好、福泽厚，阔绰。

[2]抑勒，克扣、勒索、压制。

[3]促隘，局促、贫隘。

何等法，皆不能有益于民。民既损矣，国其能有益乎？

总而言之，天下有二理，断不可忘。此二理者，外观似相克也，而实则相生，故必使人有益而无损[1]，一也；必使众人尽有益而无损，二也。第一端之理，虽为至要，但不能为一人受益之故，而任其有损于众人。

凡专为一己谋者，不问其学问之如何深广，从未有无害于人者。故必有人焉，讲求天道，以期有益于众。盖凡善学天心者，必其有益于众，兼有益于己者也。泰西既遍地有礼拜堂，每阅七日，必有善士在堂，宣讲天道，以训众人，使人皆知舍己以救人。或疑善士将以爱众之心，无爱己之心也。但乐道诸人中，往往所行之善事，虽曰大于众人，而仍躬为名宦。一国之人，尽乐输将[2]，以供其用。又或亲操商业，其业转盛于他人，可知利己利人之二事，非相克而实相生也。

天道如春气然。凡有益于人之事，皆可发荣滋长。人若不肯与善讲天道之士游，则如中寒气，虽唐花或供养于盆中，而不能使芳胜之自然生长也。且不体天道之人，但顾一身目前之事，而不顾后代之益，倘使尽人如此，则必道心泯没，不问天心何若。而近代诸国之结局，必如古时之罗马矣。古罗马之末造[3]，执政诸人，只顾一身目前之欢乐，国势遂分裂而不可收拾。我等生当晚近，而尚学

[1]使人有益而无损，典出老子《道德经》第七十七章：“天之道损有余而补不足。人道则不然，损不足，奉有余。孰能有余以奉天下？其唯有道者。”下文第十章总结，有提及“天演之道”“敬天之道”。译者在本书中，将道家的“天道”，改写为永恒竞争的进化天演之道，以及“敬天”之道，即基督教。

[2]输将，本义为“运送”，后延伸为“缴纳赋税”，此处则为资助、捐献。

[3]末造，末世。指朝代末期。

其存心，天必将我国我权改交道德纯备之人。凡曾读西史者，皆知其祸显而有征[1]也。呜呼，可不惧哉！

[1]显而有征，犹言“信而有征”，真实而有依据。《左传·昭公八年》有：“君子之言，信而有征，故怨远于其身。”

第九章　教化本于道心　非出于学术

昔日之民，拜神诵经，递相传习，目为教化，诚不免遁入虚无。迨至近百年中，人争讲求实学，凡以格物名家者，共谓敬天之虚愿，今宜较淡于昔年。噫！为此言者，抑何其不思之甚哉。夫学术，末也。道心，本也。苟崇学术而失道心，遂胥以学术为教化，泰西诸国，今虽隆盛，恐仅如优昙钵华[1]之一现。时会[2]既过，芳菲销歇。寻春之士女，感慨系之矣。试稽各国史乘，当教化大行之际，不皆以道德为首务，国势即随之而日兴。今亦犹是国也，犹是人也。欲跻世界于郅隆[3]，而不务诸本原之地，猥曰：格物征诸实，远胜敬天之索诸虚也。吾为世界惧矣。

历溯各国往事，若者最重道德，而能于利己之外，兼谋利人者，国中基址既固，万事即如堂构[4]之一新。更横

[1]优昙钵华，优昙钵花、昙花，开放之后，极快就谢萎。此典出自佛经，用以比喻世事稍纵即逝。

[2]时会，特殊的机遇或时间。

[3]郅隆，昌盛、兴隆。汉代司马迁《史记·司马相如列传》有："文王改制，爰周郅隆，大行越成。"司马贞索隐："郅，大也。隆，盛也……以言文王改制，及周而大盛也。"

[4]堂构，此词典出《尚书·大诰》："若考作室，既底法，厥子乃弗肯堂，矧肯构。"孔传："以作室喻治政也。父已致法，子乃不肯为堂基，况肯构立屋乎？"以建造房子来譬喻治政。父亲已经告诉了盖房子的方法，而儿子却不肯去筑堂基。堂构，既可指房舍的建筑构造，也可指治政的纲领。

览当今之世，所谓最盛之国者，一在于有潜心修道之人，遇事期溥公利，一在于有论道之书，精益求精，迥超旧典。凡此古今之明证，非一二人之私言也。及衡以格致家言，即知其历讲教化兴衰之理，举不免失之毫厘、缪以千里矣。

人之独具灵才者，不必其兼具道心者也。且灵才之与道心，又截然其各不相谋也。然不启其道心，而专恃灵才以逞辨，则侈口[1]而陈道德、抗颜[2]而述教化，未尝涉其藩卫[3]，岂能窥其室家。彼徒见一二千年前，传教之徒、讲道之士，哓哓[4]广座，仆仆[5]通衢[6]，或不免失之蠢愚者，遂执以概今人。而欲今世之学人，尽以愚人目教士，殊不知以学术论，昔但知粗迹，今始得其精诣[7]，惟道心也亦然。历代以来，通变化裁，易粗疏而进以精纯，迥非昔年之比矣。且彼之独具灵才者，固尝熟读古书者也。古人有道无道，互相角逐。有道之人，必操胜券。书史[8]中历历言之。彼顾习忘之乎！昔年有道之足以胜无道者，今岂缘学术维精之故，反足以胜道心之维微[9]乎！吾有以知

---

[1]侈口，大言、饶舌。

[2]抗颜，犹正色。谓态度严正。

[3]藩卫，屏障。

[4]哓哓，争辩声。

[5]仆仆，奔走劳顿貌。

[6]通衢，四通八达的道路。

[7]精诣，精到，谓学养精粹。

[8]书史，经史一类的典籍，此处是指基督教的《圣经》。在20世纪之前，《圣经》也被大部分基督徒看作是信史。

[9]道心之维微，此句出自《尚书·虞书·大禹谟》：“人心惟危，道心惟微；惟精惟一，允执厥中。”这十六字，是宋代以降的理学（新儒家）的“十六字心传”。《尚书》中这一句，原是指向尧舜禹禅让的故事。先王以心（道心）相传，以天下和百姓的重任相托付。

其必不然矣。

呜呼！各国之兴，不缘无道而实缘有道。固所谓古有明训，今有明征者也。乃重学术而轻道心者，不谓然也。推其缪论，厥有三端。或曰：今人之学业，迥超历代。回视古人，直田舍翁[1]耳。一缪也。今学之所以日深者，特就旧学而递增之，非增新学而别创之也。即有新增，亦属寥寥无几。然则学于人耳，岂真增于己哉？或曰：受教最深之人，无异于未尝受教之人，故不知教化为何物者，授以学术，亦能心领神会。二谬也。教化之大兴，出于道心，非由于学术也。或又曰：一国之中，大兴学术，其国势亦必大兴。三谬也。试观学术著名之国，往往道心沦丧，即日渐而成积衰之势，衡诸史册，历历不爽。似此三谬，实于世道人心，大有关系。大为政者，亟宜熟思而审处之也。

泰西有究心动物学者，察物之脑，而知物之性。脑愈小，即性愈蠢，愈易受人之制。脑极大，即性极灵，甚至生气远出，几与人埒[2]。格致学家因共言，各种人类，亦犹是也。人之富于灵才者，必占人先。灵才不足，则茫无知识，甘居人下。谓余不信，则如有一国焉，其人多勤学好问，必有无穷之妙法，驯至于既富且强。又有年之后，世家有绝嗣者，有生子而不慧者，不但稽其生齿之数，绝少于常人也，仅有瓞衍瓜绵[3]者，亦与平民无异。众始知此法之不足恃。然欧洲诸大国，仍不免蹈其覆辙也。英国

[1]田舍翁，年老的庄稼汉。唐代白居易《买花》诗有：“有一田舍翁，偶来买花处。”

[2]埒，等同、并立、相比。

[3]瓞衍瓜绵，即瓞绵、绵延、连绵。瓞，小瓜。

之兴，世家五百。其能传三百年者，止五家耳。法国诸世家，数传之后，亦即无著名之人。

今试究其致此之故，有较然易明者，门第既高，声华赫奕[1]，又有不许与平民联姻之例。遇事必高视阔步，自命不凡。然以游山言，身登绝顶，无可再上，彷徨四顾，孑然一身，不得不降格相从者，势也。且又有说者，读书士子，如教师、律师、医师之属，富家巨室，如掌理家人生产之辈，往往心有专注，顿忘宜室宜家[2]。故其娶妇也，必较迟于常人，甚至有终身不娶者。若辈之后裔，因之而较少矣。

欲明婚姻迟早之关系，则如有甲乙二人者，今年皆二十二岁，若衡诸寿夭适中之数[3]，则尚可冀其在世三十三年，至五十五岁而同卒。乃甲即于今年娶妇，既而生子，亦二十二岁而娶妇，世代递嬗，不相上下。乙则曰：我欲先积财而后娶妇也，迟至三十三岁，始有闺房之乐。子复生子，孙复生孙，恪遵乙训，皆三十三岁而始有妻。于是甲家者，每代加一倍有半。百年之内，共生三代，七分有五。乙家则至第二代，但加一倍二分有五，积至百年，只生二代有半。照此核算，甲家于百年中，有人十八口。乙家同此百年，仅有七口。若至二百年之久，甲家人口，多于乙家者六倍。更推算至三百年后，竟有

[1]赫奕，显赫貌、美盛貌。汉代应劭《风俗通·过誉·汝南陈茂》有："谨按《春秋》，王人之微，处于诸侯之上，坐则专席，止则专馆，朱轩驾驷，威烈赫奕。"《魏书·酷吏传·李洪之》有："富贵赫奕，当舅戚之家。"

[2]宜室宜家，形容家庭和顺、夫妻和睦。《诗经·周南·桃夭》有："之子于归，宜其室家。"此处语境是指忙于工作，无暇结婚。

[3]寿夭适中之数，即人均寿命。

一十五倍之多。夫甲者，一平民之比例也。乙者，一世家之比例也。平民之多于世家，一甲裔之多于一乙裔也。多而不已，生生不绝。少而不已，即有绝嗣之忧矣。昔有比较各种人之元首者，开列清单，以示于众，因知盛世之人，其头必大，衰世之人，其头必小。而头大头小之异，则缘脑满脑耗之别也。但尚有不能尽明者，犯罪之人，头反大于平民。斐洲有居于山洞之野人，直与兽族为俦，而其头反大于巴黎人。考其实数，不可以尺寸分量言，则如平民者〇〇〇也。犯罪之人，〇〇〇〇也。又如巴黎人者，〇〇〇〇〇也。斐洲野人，〇〇〇〇〇〇〇也[1]。此其故何也。

上文言教化之盛衰，不在乎人脑之大小，固也。若取受教最深之人，以与全未闻教之人较，相去辽绝[2]，则尽人而知之矣。但其所以然之故，昔人所言，殊多误会。若论受教者之学问，自深于尚未闻教之人。故如天涯海角之相睽，瞬息间电报往来，直同面语。又如日月之薄蚀，彗星之轨道，行星相会之时，皆可于数百年前，布算[3]而知，分毫不谬。又如特制机筒，留声于内，子孙可聆祖父之遗训。更如造分光之宝镜，以窥天上之星辰，而知其体质。余如一切致用之物，甚至若舟若车，能自行于水陆，无不得心应手，告厥成功。是受教者之灵才，固超出于无教人者之万万也。特其所以立教者，初非如上云云也。试思古有著名之国，亦有著名之学，今则国就灭而学失传，

---

[1]上文四处符号〇，为原文所有。

[2]辽绝，相去甚远、悬殊。《南史·谢晦传》有："安仁、士衡才为一时之冠，方之公间，本自辽绝。"

[3]布算，谓布蓍、占卜、推算。

是岂学之罪哉。古人无自永其国之道也。今人多传新法，必由新学，然亦非学之功也。处此时局，使人有无穷之善法，以永其国。国祚[1]既永，创新法者，往往并世而兴，不谋而合。故凡言兴国而专恃学术者。又言学术废而国随之以衰者。正如一人置身塔顶，下视众生，营营如蚁，遂目人为蚁，而不知特其本身，高踞于数十丈之上耳。倏然下行，亦一蚁耳。又有人言，欧洲北境有一种人，枚举[2]杂物，非三即五而止，再加一数，即不能知。似此下愚[3]，较诸精于算学之人，相去不知其几许也。而不知又有人焉，以游牧为生，牛马成群，日之夕矣，尔牧来思一望而知其全否。此特尽识诸牲之毛色形状，因而有会于心，非有人教以布算也。或又谓，有大马辣人[4]者，不知记数，直如犬族之陋。盖犬生数子，人盗其一，犬不知也。此大谬之说也。我生之初，何尝知数。若使大马辣人，受教一如我辈，十百千万，一目了然，岂能因其偶不识数之故，遽笑其犬而人哉。且安知大马辣人者，不有他法以记数哉？故论教化之所成，不可谓因学术而生也。宜曰：实从生学术之道而生。

人有恒言，皆曰：印度国与缅甸国人，虽不及欧洲人教化之美，然灵才殊敏妙也。不知若辈之在印度，或赴欧洲，与各大国人同学肄业、及至考试之际，竟有可驾欧人而上之者。且不独印度、缅甸之人然也。甚至新西兰人，及澳洲之土人，与夫美国之黑人，使之一读欧书，往往不

[1]国祚，即国运。

[2]枚举，列举。

[3]下愚，极愚蠢的人。《论语·阳货》有：“唯上智与下愚不移。”

[4]大马辣人，即“Damaras people”，是非洲黑人族群。

在欧人之下。然问其国势，能及欧洲百一与否？则又夫人而知之，是知国之兴衰，诚不专恃人之灵才与其学术也。或曰：此种土人，与欧洲人同场考试，间或出一头地，然终不能每试必完其曹偶[1]也。此说若确，尤可见凡国之兴，不在灵才，不关学术，由于有能使之永其灵才，深其学术者。

欧罗巴各国之人，同处一洲，而实互分族类，只缘数千年来，彼此互通婚媾[2]，几难细别淄渑[3]，然仍有两种人，矫然不群，莫能相溷。其一种曰“客涕”[4]，法兰西人，即其族类也。别一种曰“土脱泥”[5]，德意志、英吉利诸国之人，为其苗裔。若究两种人之灵才，亦属各不相同。客涕人，讲求治国之法，研究格致雅艺诸学，聪明智慧正如希腊古人。至于土脱泥人，于客涕人所学诸事，亦颇有条不紊，特不能如客涕人之明若观火耳。然考十九周中，泰西各国，虽共随法国之后，盛称民为邦本之至理，但土脱泥人，凡事皆兴盛莫比，法国则淡然、漠然，凡事

[1]曹偶，侪辈、同类。汉代司马迁《史记·扁鹊仓公列传》有：“曹偶四人。”司马贞索隐有：“曹偶，犹等辈也。”

[2]婚媾，婚姻、嫁娶。

[3]淄渑，淄水和渑水的并称，皆在今山东省。相传二水之味各不同，混合之，则难以辨别。《战国策·齐策六》有：“黄金横带而驰乎淄渑之间，有生之乐，无死之心，所以不胜者也。”《吕氏春秋·精谕》有：“孔子曰：‘淄渑之合者，易牙尝而知之。’”

[4]客涕，即“Celtic”，现译“凯尔特人”。凯尔特人是前2000年活动在中欧的一些有着共同文化和语言特质的有亲缘关系的民族的统称，是一个由共同语言和文化传统凝合起来的松散族群，应属古代型的民族集团。主要分布在当时的高卢、北意大利（山南高卢）、西班牙、不列颠与爱尔兰，与日耳曼人并称为蛮族。

[5]土脱泥，即“Teutonic”，现译“条顿人”“日尔曼人”，是古代日耳曼人中的一个分支，前4世纪时大致分布在易北河下游的沿海地带，后来逐步和日耳曼其他部落融合。后世常以条顿人泛指日耳曼人及其后裔，或是直接以此称呼德国人。

几付之流水。此中消息，深识者默喻[1]之矣。

一千七百四五十年间，英法之战，不特欧洲诸国，纷纭征调[2]，全境驿骚[3]已也。祸延斐美二洲，以及亚洲之印度，罔弗枪林弹雨，杀人如麻，甚至苍茫大海之中，亦复互角雌雄，鲛鳄半遭荼毒。似此猛斗，实为生民以来所未有，而其关系之巨，更独步于千秋，迄今追忆前尘，当未分胜负之时，凡凭轼而观[4]者，鲜不曰：法国生齿既多，且财富而兵雄，似宜可操胜算矣。岂知法屡战而屡蹶，君为人俘，齐奏凯歌者，反在诸事不如法国之英人也。是果何道欤？然而英人者，固非诸如不如法国者也。试稽列车清册，一千七百八十九年，英国户口，只九兆六亿有奇耳。法人乃有二京六兆三亿有奇。英国之国帑[5]，亦仅岁入英金一京五兆余镑，法则有二京四兆余磅。英之不如法也，明甚。乃甫越百年，而至一千八百九十年，与英国生同族类者，递增至一垓零一兆人，其属地之人，及美洲之黑人，尚不与其列也。更考法国，则同时仅增至四京人，且英人每至一地，不论他洲异族，大都稳固不摇，他国皆望尘莫及。不但此也，即近廿余年来，土脱泥之别支，如德国也者，法又不能与之抗。但迥溯百年前，泰西各国俱谓，法人极有灵才，佐以学术，实足超出人上者

[1]默喻，暗中知晓。

[2]征调，征集、调遣人员或物资。

[3]驿骚，扰动、骚乱。驿，通“绎”。唐代颜真卿《临淮武穆王李公神道碑铭》有：“安禄山反范阳，天下驿骚，朝廷旰食。”

[4]凭轼而观，倚在车前横木上，意谓驾车出征。晋代左思《魏都赋》有：“凭轼捶马，袖幕纷半。”《左传·僖公二十八年》有：“君凭轼而观之，得臣与寓目焉。”

[5]国帑，国家的公款。

也，亦越于今，灵才未尝忽昧，乃凡事随于人后，则其故可思矣。再考户口之数，英国千人中，每年以生抵死，大抵增出十三人，德国增出十人。五十年之内，生齿既萧条于他国，一切兴盛之基，亦俱不能及英德，甚至国中之地，无人承买，遂渐入外人之手。法国某大吏忧之，曾劝国家特颁新令云：凡来购法地之人，宜即改入法藉，每年以五万或十万人为率。庶几法国之地，仍在法人掌握。某法报则言，似此江河日下，再阅五十年，恐在法而操英国方言者，增至十人，而操法之土语者，只一人矣。又一法报言，我国颓唐至此，为时不久，必更不如意大利与西班牙，而为欧洲之二等国矣。诸如此类，皆法人自道者也。然而，法人之灵才自在也。学术未衰也，特既遇同具灵才，同研学术，而兼备道德之人，自不觉瞠乎其后[1]。且富灵才而丧道心，不但不能持久，更如羲轮[2]过午，催令其速薄崦嵫[3]也。惜哉！

法事之败坏，非有他人败坏之也。其人之自愿趋于卑下也。若问法人之法，何以不增，试查法国之男子，逾二十岁而即娶妇者，每千人中，仅有六百零九人。且能生二婴孩者，每千家中，仅有六百四十家，而其中之二百家，则竟不生一孩子。或谓，法人恐生齿日多，流于

[1]瞠乎其后，在后面干瞪眼，想赶而赶不上，形容远远落在后头。语出《庄子·田子方》：“夫子奔逸绝尘，而回瞠若乎后矣！”

[2]羲轮，即太阳。

[3]崦嵫，山名，在甘肃天水西。古代常用来指日落的地方。战国屈原《楚辞·离骚》有：“吾令羲和弭节兮，望崦嵫而勿迫。”王逸注：“崦嵫，日所入山也。”

贫窭[1]，故强自裁抑，毋俾遗种也。又有法名人言，似此不生子女之恶俗，但行于无道人中，固有不欲广其生育者矣。总而言之，希腊人极有灵才，而国祚衰薄，英国天下莫强焉。乃其人灵才之灿著，不及道德之光华。再考人脑之大小，及最兴之国之灵才，以与未受教化之人，较不见其显分轩轾。所异者，不过有能传后与否耳。更以国较，亦可知立国之永久，不但因人之灵才，实因有能使灵才之可以永久耳。不然，彼人之但具灵才者，不几如上云云。傕其国以趋衰败之地乎？似此一切明证，灼知凡国之兴，不可恃人之灵才，亦不专恃人之学术，必有忠厚长者，本其道心，酿而为公平和睦之心。以之治事，而事治；以之秉国，而国可久长也。吾更愿重言以申明之曰：人生世上，道德为先，灵才为后。凡求国之兴者，必先培养人之道心，而后教以学术，济以灵才，则夫日上蒸蒸者，若决江河，沛然莫之能御也。若有国焉，只讲灵才，只考学术，而置道德于不顾，即使势处极盛，而祸机已伏，旦暮间衰败随之矣。

凡讲植物之学者，常言：凡事皆有两相敌者。其一曰："按那玻璃"；其二曰："揩他玻璃"[2]。其以按那玻璃胜者，无论禽兽草木，转瞬萌芽茁壮，莫可遏抑。若

[1]贫窭，贫乏、贫穷。《荀子·大略》有："然故民不困财，贫窭者有所窜其手。"

[2]按那玻璃，即英文"anabolism"（合成代谢），又称同化作用或生物合成，是从小的前体或构件分子（如氨基酸和核苷酸）合成较大的分子（如蛋白质和核酸）的过程。"揩他玻璃"，即英文"katabolism/catabolism"（分解代谢），指机体将来自环境或细胞自己储存的有机营养物质分子（如糖类、脂类、蛋白质等），通过一步步反应降解成较小、简单的终产物（如二氧化碳、乳酸、氨等）的过程。

以揩他玻璃胜者，必病而死，历试不爽，持论不刊[1]。若论国家，亦有相敌之二事。利人，一也；利己，又一也。人有道德，能仰体天心，俯利人类，国罔不兴，反是以思。凡人不问天意，但求利己，国罔不败。乃浅见之士，尚沾沾[2]曰：我有灵才也。呜呼！灵才云乎哉！

---

[1]持论不刊，不刊之论、不刊之说，不可改易之论，确论。

[2]沾沾，自矜貌、自得貌。

第十章　总结

数千年来，恒有究心于动植诸物之学者，顾皆杂乱无章，不足为训。近代格致名家，始考得其要理，应一二百年之久，至于今日，进而益上，著书立说，以饷后人，迥视古书，直糠秕[1]矣。本书创讲天下大同之学，质诸通人博士，若许为与理不差，逆料[2]后世之讲是学者精益求精，亦必与昔年大异。

前数章论利己利人二事，恒言：彼此实有相敌之势，衡诸近二百年中，英国名流所讲之性理，截然相反。历代诸名流多谓：天演之道，欲使遍地球人，大富者居太半，而其小半之未富者，亦可由渐而致大富。故如施本思者，名流中之英绝领袖也，亦曰：现在世间之大半人，应如何而席丰履厚，又应如何而保世[3]滋大。然自我观之，所谓天演之道者，非特使现在之人，何以致富，上推过去，中更现在，下究未来，务之胥出窘乡，同游乐国，然后其道始尽，而其量即由是以愈宏。

施本思所执之理，盖欲化争竞而敦仁爱，直如父母之

[1]糠秕，谷皮和瘪谷。

[2]逆料，预料、预测。三国蜀诸葛亮《后出师表》有："凡事如此，难可逆料。"

[3]保世，谓保持爵禄、宗族或王朝的世代相传。

待子女，皆愿舍身而忘己，相与保抱提携也。此不第与达文所言，迥不相同也。窃谓：世人若真能如此，即属均富之学，亦即如德人韦师满所称，世事败坏之始矣。施本思复闲言，人生斯世，如家人父子之互相扶助，此理自然而具，绝无勉强。殊不思有人恒言，皆曰：父母之事，不能由子女专主，岂有今代之人，而可任后人之为政乎！古世之希腊、罗马，今世之法兰西，皆雄国也，乃无敬天之道以贯之，故一败而不可收拾。若其历久而不敝者，必有天道，以管摄[1]乎人心，使人不但求一己之益，更能仰体天心，俾众人悉受其益。

古来黩武穷兵之国，往往以甲胄[2]代衮冕[3]，民气乃郁而不舒。迨及今世，皇皇天道，深入于各国之民心，然后执政之人，不得不按公道以治民。又如古来著作家，亦有专讲势力，而不知道德之关系者。近代哲人，如英之马奢[4]者，讲富国学之第一流人物也，乃其言曰：居今之世，苟不能举至德要道，偏传诸民而求富之，戛戛乎其难哉。且以传道而言，今又非昔比矣。昔者，藉教皇之威力，逼众人以守道，今则教士以真道化人。故凡诚心受教者，无一不存敬天之心，亦无一不效法救主，愿舍己以救人。是以泰西诸望国之兴，皆肇基于抱道之士，盛讲道

[1]管摄，管辖统摄。典出宋朱熹《朱子语类》卷九五："神是心之至妙处，所以管摄动静。"

[2]甲胄，盔甲衣胄。

[3]衮冕，衮衣和冕，古代帝王与上公的礼服和礼冠。《周礼·春官·司服》有："王之吉服，祀昊天上帝则大裘而冕；祀五帝亦如之；享先王则衮冕……公之服，自衮冕而下，如王之服。"

[4]马奢，即阿尔弗雷德·马歇尔，当时非常著名的经济学家。颉德因《社会进化》一书，与马歇尔结识。

学，感孚民志，迟之又久，真力弥满，朝野上下，万事皆焕然一新矣。

天下无道之人，专务泥古[1]而已，有道之士，则活泼泼地，遇事皆妙于变通。然又非师心而篾古也。古法之善者，依然极力保全毋俾废坠。今法之善者，则更毅然身体而力行之，断不肯墨守旧章，自贻伊戚[2]，迹其心存救世，惟期康济兆民，以视龂龂于新法旧法之分，而矜言舍旧谋新者，其命意尤加一等矣。

上溯三百年前，英国当重新真教之际，历年无阻，遍国尽兴。牧民诸老臣中，向有恃刑驱势迫为长策者，至是皆潜移默化，自觉其昨日之非，于是略让其权，分于民众，驯至今日，英民皆得操举官之权。且犹不第使民与官绅，得有通权之道已也。教泽之涵盖，匪伊朝夕，官绅自不敢恃其门第，以压平民。平民乃争自濯磨[3]，卒为善士，而得与世家子弟，并肩入仕，即亦可擅操奇计赢之术，紫标黄榜[4]，莫汝瑕疵焉。然又非有犯上作乱之人，如法兰西之君民交哄[5]，而始强改为民主之国也。譬如嘉树开花结子，荣发滋长，行所无事。故英吉利崛兴之真谛，实不在政令之善在，而在天有显道，遍种于通国之民心。

---

[1]泥古，拘守古代的成规或古人的说法。宋代欧阳修《笔说·驷不及舌说》有："泥古之士，学者患之也。"

[2]伊戚，烦恼、忧患。典出《诗经·小雅·小明》："心之忧矣，自贻伊戚。"

[3]濯磨，洗涤磨炼，比喻加强修养、以期有为。宋代苏轼《〈六一居士集〉叙》有："自欧阳子出，天下争自濯磨，以通经学古为高，以救时行道为贤，以犯颜纳说为忠。"

[4]紫标黄榜，是为封记钱库之名。梁武帝萧衍之弟萧宏，封临川王，性爱钱。百万一聚，黄榜标之。千万一库，挂一紫标。如此十余间。武帝见之，计钱三亿余万。事见《梁书》。

[5]交哄，互相斗争。

近年以来，欧美二洲南部诸国，亦许其民操举官之权，第观其一切制度，似与欧美北部诸国无分轩轾。然南部之民，常以纷争酿祸乱，北部则民情静谧。一若举官以保己，即藉以治己者，有不期然而然之乐也。此无他，天道之深入于民心也。

若论人种之别，亦有可证道心者。凡居于温道之上品人，转徙而入热道，遂杂居于未受教化之下流人中，无论虐使之也。即使怜其愚蠢，特从优待，下流人亦必日渐澌灭，求其子孙繁衍瓜瓞绵延者，必属上品之人。水土虽恶劣万分，亦不得而夭札[1]之。今试考太平洋群岛中，及美国之土人，具有明证，更考赤道之下，经西班牙、和兰[2]、英吉利、法兰西诸国之人，各于数百年前，自欧洲航海而至，深入其阻，或犄或角，剖分而受之。然地脉虽极肥沃，而天气则极炎蒸。生于温道之人，不能触暑[3]而往耕也。爰移斐洲之黑人，至中美洲，使操耕耘之业，而西和英法诸人，居然自然自命为田主，而目黑人为佃奴，酷虐苛残，无复人理。乃若辈正役奴以致富之际，欧洲善人日众，苦心修道，苦口讲道，而谓黑人亦同此血气，同此心知，所异者，惟在秀顽与灵蠢耳。我辈白人，宜体上天好生之德，以拯黑人于苦海之中。迨其道遍传于通国，执政者亦愍然[4]不安于心，然后昌于朝列云：释奴自主，实为当今治世之第一义。旋又推诸治军，凡入伍之士卒，

[1]夭札，遭疫病而早死。《左传·昭公四年》有："疠疾不降，民不夭札。"杜预注有："短折为夭，夭死为札。"

[2]和兰，今译荷兰。

[3]触暑，冒着暑热。

[4]愍然，忧思之貌。

昔年有遭将军之屈抑者，至是，亦悬为厉禁。诸苦人，乃有生之气，无死之心矣。

西历一千七百九十二年，英议院删改买奴之律，垂为令典[1]。一千七百九十四年，法议院援照英律，加惠黑奴。一千八百三十四年，英议院重定新律，举遍国之奴隶，尽由公家代赎，俾与平民为伍，凡糜金二京磅（以光绪己亥年市价稽之，约合华银一万四千万两）。一千八百四十八年，法奴亦蒙省释。一千八百六十三年，和兰续颁释奴之律。一千八百六十五年，美国亦释其奴。且犹不止此也。十九周（即西历一千八百一年至九百年）将满之时，南斐洲昔属西班牙诸地，一一自立为国。然立国者，其名，学欧洲。欧洲治法者，亦其外貌。既无欧洲善讲天道之人，其国即无能自振，且有更不如其隶人宇下[2]者。自中美洲以达于南美洲，共有小民主之国二十有二。国中有土著焉，占藉四分之一。但已与欧洲寓公[3]，互通婚媾，成将成一小美洲之新种。夷考[4]其地，则广大无垠、肥沃无比也，而其民则甚少，且仿美洲民主之善法，而国祚终不克绵长。循行陇亩之闻，又多荒芜不治，推究到极至处，皆因不明真教之故。故取泰西之教，与其地之自称为教者，互相比较，相去直若天渊。若而人，既无至德要道，以启发其灵明，则其广大肥沃之地，不能不

[1]令典，好的典章制度。
[2]宇下，在他人庇护之下，治下、屋下。
[3]寓公，古指失其领地而寄居他国的贵族，后凡流亡寄居他乡或别国的官僚、士绅等都称“寓公”。《礼记·郊特牲》有：“诸侯不臣寓公，故古者寓公不继世。”
[4]夷考，考察。《孟子·尽心下》有：“夷考其行，而不掩焉者也。”赵岐注有：“考察其行，不能掩覆其言。”

受治于泰西之善国。特今尚姑待之耳。若问白人之欲占其地，不免大负初心，岂黑人之迫而成之乎？非也。出于白人之自愿也。更问白人何以有此愿，则请正告之曰：无已，则有一焉。凡讲天道者，不分国、不分洲、不分种，但曰：凡为人者，皆兄弟也，皆当秉公道以待之也。而益以见十九周中讲道之人，关系诚非浅鲜矣。

横览当今之世，亟应措置合宜者，厥有二大事焉。其一，为均富之法，各有利弊，辨别不可不审。其二，为任地之法，今遍地球温带之地，已为均富者分占。故必熟察乎白种、黑种之人情，而知何种人宜于温道，何种人宜于热道，因而各奠其居。昔者，赤道（即热带）之下，沃衍[1]弥望，为五洲诸地之冠，而其民不知种植，任其大半荒芜，薄游[2]是乡者，惟见丰草长林，为毛虫之窟宅耳。今欲富民，必设善法，以垦阔赤道下地，而资其土产，以为人世之大用。诚如是也。向居热带之人，固终身之饱暖，亦可藉以养温带之人，或疑欧洲之人，既不能迁居炎方，欲以黑人充佃奴，又觉不合乎大道。然则任黑人生老病死于其间乎？开垦又未知何日，则将若之何。或曰：赤道之下人，生长愈多，不得不代谋良策，使之自垦其地，然后天下之人，无论热带，亦无论温带，皆得受其益矣。

今试就英国言之。英国自命不凡，其人又善讲道德，

---

[1]沃衍，土地肥美平坦。《隋书·地理志下》有：“然数郡川泽沃衍，有海陆之饶，珍异所聚，故商贾并凑。”

[2]薄游，指谦称为薄禄而宦游于外。

乃强占印度全国，以为藩服[1]，未免迹类贪婪，不知英虽占取其地，实未尝虐待其人，亦不以改教易俗等事，强人就我。惟不许其国人，仍如昔年之日寻干戈，而进以太平之景象耳。犹未已也，更为之筑铁路、兴邮政、通电报，联四境而成一体。且遍立大小学塾，使其人周知五洲之情状。又使之仰事俯畜，绰有余裕，生计数倍于往年。盖自古迄今，热带之地，从未有似此垦阔、似此富饶者。英人得行其道，于本国固自有益，然先受其益者，实惟印度本土之人也。英国更一视同仁，凡有利薮[2]之可居，悉任印人之善自为谋，毫不加以抑勒[3]，甚至通商他国，亦得占英人应占之利权。故英之取印，不徒有益于英，有益于印已也，更能富其利源，以益万国，明哲之士，盖众口一词，无异议焉。

更试舍英而言法。法国在斐洲北岸，剖取拖泥泗[4]全地，以为己属，亦赤道下地也。芟夷[5]草昧，极意经营，虽其治法，如一千八百九十三年定章，不许他国商船，往运客货之类，大半专谋利己。然法国商船，依然运其土产，分售各国，则各国亦均受其利矣。再考埃及国事，更

[1]藩服，古九服之一。古代分王畿以外之地为九服。其封国区域离王畿最远的称“藩服”。《周礼·夏官·职方氏》有：“乃辨九服之邦国……又其（镇服）外方五百里曰藩服。”贾公彦疏有：“言藩者，以其最在外为藩篱，故以藩为称。”

[2]利薮，财利的聚集处。

[3]抑勒，勒索、克扣。《明史·外国传四·琉球》有：“时贡使所携土物，与闽人互市者，为奸商抑勒，有司又从而侵削之。”

[4]拖泥泗，原著为“Tunis”，即今天的突尼斯共和国，位于非洲大陆最北端，北部和东部面临地中海，隔突尼斯海峡与意大利的西西里岛相望，扼地中海东西航运的要冲，东南与利比亚为邻，西与阿尔及利亚接壤。

[5]芟夷，除草、刈除。《左传·隐公六年》有：“为国家者，见恶如农夫之务去草焉，芟夷蕴崇之，绝其本根，勿使能殖。”

可知开辟赤道下土田之关系矣。埃及立国，虽云最古，徒以僻处炎荒，知识愚暗[1]。六千年来，毫无生色，越在近世，欧洲人接踵而往，教以各国之善法。其君若臣者，颇能心领神会，不谓其用此法者，只以利己，非以利人，遂成地球自古迄今未有之大弊。论世者，深以为憾。

溯查一千八百七十六年，埃及试行新法，当时所负之国债，仅由英金三兆镑，增至六兆镑耳。乃荏苒十三年，递积至八京九兆镑，增于前债三十倍，及覈[2]其全国之财产，竟如赤贫之子。问其贷款之所在，则尽饱君若臣之贪囊，且一入而不可出。常常债帅[3]，绝不作还债之想。似此奇事，良堪骇诧。既而消息传入英国，访知受其累者，法人而外，多属英人，心甚不平，然时值新党人执英政，向以善于治内为主，不欲与人家国事。英人皆深知之，丧失巨金，几绝望矣。不料政府大臣，忽发奇想，竟共投袂而起，越俎[4]而谋，遂遣重臣，代主埃政。诸议员不以为然，指摘[5]纷起，且共叹曰：以欧洲之白种，远谋赤道下异种之财政，兼代理他国之债务，事必无成，徒贻笑耳。更不料英国才人，至埃而后，诸事悉归掌握，曾不数载，

[1]愚暗，即愚黯，愚钝而黑暗，或指愚昧之人。

[2]覈，检验、查核。

[3]债帅，唐代大历以后，政治腐败，凡命一帅，必广输重赂。禁军将校欲为帅者，若家财不足，则向富户借贷。升官之后，再大肆搜刮民脂民膏偿还，因被称为“债帅”。及韦处厚、裴度为相，此风遂稍敛。《旧唐书·高瑀传》有：“及瑀之拜，以内外公议，搢绅相庆曰：‘韦公作相，债帅鲜矣！’”后遂用以称借行重贿而取将帅之高位者。

[4]越俎，即“越俎代庖”的略称。语出《庄子·逍遥游》：“庖人虽不治庖，尸、祝不越樽俎而代之矣。”原意谓人各有专职，庖人虽不尽职，主祭等人也不越过樽俎去代他办席。后以“越俎代庖”比喻越权办事或包办代替。

[5]指摘，摘出错误，进而加以批评。

不但国帑所入，足供按期还债之需也。且入款多于出款，民不病而国有余。维我英人，岂真有点金之术哉！开铁路以运货，修水利以灌田，利民之政，罔弗兴也。而害民之事，则更在所必除。即如埃及向例，遇事必科派于民间。英制则改为取偿于官府。埃例徭役[1]频繁，不予工价。英人则计口授食，俾共有趋事赴功之乐。第以农业论，农田三分之一，悉种棉花。英人授以农学新法，向之亩收千斤者，至是，可收千五百斤。民既富矣，国家何至独贫。故昔日国债券一纸，实借英金百镑，贱至五十九镑，始有愿购之人。英一变之，忽又贵至九十八镑。似此绝大之漏卮[2]，转瞬间成为金穴，亦岂英人之才智远胜埃人哉。

良由英人以不贪为宝，公而忘私，又不忍埃民之困苦颠连，遂出其道心以救之也。且英虽为政于埃及，其考其所定章程，乃纤微无损于他国。各国人任意往来，竟与英人无异。埃及则经此整顿，商业亦缘之而渐兴。但英人在埃之贸易，实占各国之大半，英人获利不赀，投木瓜而报以琼琚[3]，此可视为分所当然，并无愧怍。况英无不许他国贸易之例，治埃一如其治印。各国乃借重英人之力，国债之本利，无忧缺乏，其商人更视埃为乐国焉。

近代泰西各国之人竞言，赤道一带之地，不可视为石田而弃之。故十九周中，即以剖分斐洲全地，为第一大事。美国立场不愿欧人群赴美洲，开垦新地，然其合意，

---

[1]徭役，古时官府向人民摊派的无偿劳动。《韩非子·备内》有：“徭役少则民安，民安则下无重权，下无重权则权势灭，权势灭则德在上矣。”

[2]漏卮，古时指有漏洞的盛酒器。

[3]投木瓜而报以琼琚，琼琚，指精美的玉佩，这里喻指还报的厚礼。典出《诗经·卫风·木瓜》：“投我以木瓜，报之以琼琚。”

大抵无异于欧人，居今日而衡后事。欲知何人之往治此等地，不必视何色之人种也，亦不必视何人之学问。但有一国，用人行政，稳固不摇，即知其国将来，可治此地，若问稳固不稳四字，于何征之，则曰：何国最重道德，何人认真办事，事诚实无伪，即稳固不摇矣。若使不修道德，专尚计谋，则南斐洲诸小国者，无有一国，能稳固不摇，永享国祚也。

又考印度一国之人，何以臣服于英，而无贰心哉？英兵之戍印者，盖谬谬无几人也。乃久不闻有叛乱之警，盖其大半之人，已知英官之惟欲认真办事耳。英在埃及，亦复如是。故欲知二十周中，有何国盛于他国，只须熟察乎其人之道德。其人苟道高德备，其国即长驾远驭，罄无不宜矣。

英人有雷启[1]者，良吏也，生平著作等身，而其讲各国兴盛之本原，则曰：其国之人，修心治家，皆有道范。经商则诚实不欺，又愿设法以益众人，而立身则不尚奢华，立心则正直无私，见人坦然无所畏缩，凡事合乎时中之道。且其中也，不专因学问而起，兼因道心而生，故欲知将来其国之能兴与否，惟视其人之有此数德与否耳。更试思之，凡博人之钦佩弗谖者，非十分诚信之人乎？非十分清廉之人乎？遇事小心谨慎，而与大道有息息相通之势，其人尽敬之矣。今有语我以何国中多此种人者，我即

[1]雷启，即William Edward Hartpole Lecky（1838—1903），是爱尔兰历史学者、诗人、政治理论学者。曾就读于都柏林三一学院，获学士、硕士之后，再精修神学，成为爱尔兰教会的一名牧师。早在1860年，他便出版有《时代的宗教倾向》（*The Religious Tendencies of the Age*）一书。他的主要著作是多卷本的《十八世纪英国史》，为其获得了身后的盛名。

对之曰：他日大兴于天下，即此国也。有历代之史记，可互证也。非凭空武断之比也。试观将来，断不能离此理。

总之，目下之光景，确知上帝欲五洲各国各教之人，彼此各治其事，而俾五洲之人，共仰望而称誉之。将来即以各洲之权势归之，彼第知守旧者，多恐愚民有权，必致万事淆乱，殊不知今之民，非古之民也。一则读书多于古人，二则不但读书人共讲道德，即众人亦略知一二。民既躬被教泽，心知大道，乃如之人，分掌国权。实世间第一有益之事。维彼愚人，则恐有道者遽分其权耳。

附表第一 婚嫁年岁均计 （略）

附表第二 各业嫁娶实年（略）

附表第三 美国生齿（略）

附表第四 法国生齿（略）

参考文献

一、颉德著作（以出版先后为序）

1. Benjamin Kidd, *Social Evolution,* New York: Macmillan and Co., and London, 1894.
2. Benjamin Kidd, *Control of the Tropics*, New York: Macmillan, 1898.
3. Benjamin Kidd, *Principles of Western Civilisation: Being the First Volume of a System of Evolutionary Philosophy*, London: Macmillan and Co., Limited and New York: The Macmillan Company, 1902.
4. Benjamin Kidd, *Individualism and After: The Herbert Spencer Lecture 1908*, Oxford, at the Clarendon Press, 1908.
5. Benjamin Kidd, *Two Principal Laws of Sociology*, 1909. （原书未具出版社）.
6. Benjamin Kidd, *The Science of Power*, London: Methuen, 1918.
7. Benjamin Kidd, *A Philosopher with Nature*, London: Methuen, 1921.

二、其他文献

1. H. E. Barnes, Benjamin Kidd and the "Super-rational" Basis of Social and Political Processes, *American Journal of Sociology*, 1922，27.
2. D. P. Crook, *Benjamin Kidd: Portrait of a Social Darwinist,* Cambridge: Cambridge University Press, 1984.
3. David Knight ed., *The Evolution Debate, 1813—1870*, London: Routledge, 2003.

4. Michael Knoll，From Kidd to Dewey: the Origin and Meaning of “Social Efficiency”，*Journal of Curriculum Studies*，2009，41（3）.

5. Arthur M. Lewis, *Ten Blind Leaders of the Blind*, Chicago: Charles H. Kerr & Company, 1910.

6. Alfred Marshall, *Principles of Economics,* London: Macmillan and Co., 1890.

7. Robert Mackintosh, *From Comte to Benjamin Kidd*：The Appeal to Biology or Evolution for Human Guidance，London：Macmillan and Co., Limited，1899.

8. 程颐撰，王孝鱼点校：《周易程氏传》，北京：中华书局2011年版。

9. 格鲁内尔著，隗仁莲译：《历史哲学：批判的论文》，桂林：广西师范大学出版社2003年版。

10. 赫胥黎著，严复译：《天演论》，北京：商务印书馆1981年版。

11. 梁启超著：《清代学术概论》，上海：上海古籍出版社1998年版。

12. 梁启超著：《梁启超全集》，北京：北京出版社1999年版。

13. 浦嘉珉著，钟永强译：《中国与达尔文》，南京：江苏人民出版社2008年版。

14. 沈国威著：《近代中日词汇交流研究——汉字新词的创制、容受与共享》，北京：中华书局2010年版。

15. 王栻主编：《严复集》（第1册），北京：中华书局1986年版。

16. 汪晖著：《现代中国思想的兴起》下卷第一部《公理与反公理》，北京：生活·读书·新知三联书店2008年版。

17. 温克、亚当斯著，丛日云主编，贾文华、李晓燕译：《牛津欧洲史》第3卷《1890—1945年：危机与冲突》，长春：吉林出版集团有限责任公司2009年版。

18. 狭间直树编：《梁启超·明治日本·西方——日本京都大学人文科学研究所共同研究报告》，北京：社会科学文献出版社2001年版。

19. 狭间直树、石川祯浩主编，袁广泉等译：《近代东亚翻译概念的发生与传播》，北京：社会科学文献出版社2015年版。

跋

姚达兑

此书的整理出版，有赖于各种契机和多方相助。

首先，感谢让我获读此书的哈佛燕京图书馆。2011年，我到访期间有幸读到了此书。在某个大雪初歇的冬日，我读毕此卷后，有许多感想，联想起梁启超在1902年的《新民丛报》上的种种论说。十几年前，我写作硕士论文时，已关注到1902年梁氏的“小说界革命”，以及其思想来源与《新小说》《新民丛报》等杂志的相互关联。故而此后，我对这一时段的文学和思想状况多有留意。也恰好在1902年，梁启超在报刊上大力引进颉德的思想。受此影响，梁启超此后一段时间的写作，在主题上回应了颉德的学说。

其次，感谢哈佛燕京图书馆的馆员和马小鹤先生，以及南京大学的时文甲先生（时任哈燕馆的访问馆员）。2011年我所得的《大同学》版本并不是全本，到2015年我在整理此书时才发现这一情况。多亏马先生和时先生两位，是他们帮我补全了整本《大同学》，让我得以完成全稿。感谢浙江大学英文系姜文涛老师，帮我找到颉德的相关研究资料。这对我写作导读部分是一种关键的帮助。

再次，至为感谢周伟驰先生。在几年前的某次交谈中，我提出一个想法：我们可将西学东渐大环境下的一大批相关文献整理出版。当年这批作品出版量不少，曾有不小的影响，然而后世有的不传，有的已较难获得。而且，近代曾发生、未结束的许多问题，相信也能给当代思想界一定的启示。我的想法立即得到周老师的肯定。正是在周老师的推动之下，我们才开始做这套文献的整理和研究。这便是其中的一本。

最后，感谢倪梁康老师、中山大学哲学系西学东渐文献馆、南方日报出版社的黎衡先生，以及帮我校读书稿的师友，尤其是李彬博士，是他们使我避免了一些错误。

2016年2月20日
于中山大学中文堂